GÜTERSLOHER
VERLAGSHAUS

Gütersloher Verlagshaus. Dem Leben vertrauen

Für Christian und Sabine, die Benedict, Jan-Luca, Ronja und Lucie im Alltag Ethik lehren

Der Autor:

Bruder Paulus Terwitte, geboren 1959, Kapuziner im Kloster Würzburg, ist Ordensbruder aus Liebe, Lust und Leidenschaft. Der geschätzte Beicht- und Gesprächsseelsorger ist seit neuestem mit der Nachwuchsförderung betraut. Bekannt geworden ist er als TV-Moderator bei SAT1 und N24 und war im Internet Autor eines geistlichen Kommentars zur Schlagzeile der BILD.

Kleine

Alltagsethik

Bruder Paulus

Gütersloher Verlagshaus

Er aber sprach: »Nimmer entflamme es doch meinen Herrn, dass ich noch das eine Mal rede. Vielleicht finden sich dort nur zehn (Gerechte)?« »Er sprach: Nicht will ich verderben, um der zehn willen.«

Genesis 18,32

Inhalt

Einleitung

Die Menschen haben sich immer schon viel erlaubt. Jetzt aber schütteln wir nicht mehr über machthungrige Päpste und Kaiser den Kopf. Heute ist es unser Nachbar, der macht, was er will.

Es lohnt sich zu suchen, was uns Menschen verbindet. Wir werden auf die verbindlichen Werte stoßen, um die es sich zu streiten lohnt.

Jeder hält sich für einen kleinen Kaiser. Ein Heer von absoluten Herrschern traut nur noch dem eigenen Horizont. Wehe dem, der ihn in Frage stellt! Dann verbittet man sich eine solche Einmischung in innere Angelegenheiten.

So stehen wir vor dem Ende des menschlichen Miteinanders. Denn jeder lebt nur noch das, was »für ihn« richtig ist. Ob das für andere auch gilt, ist ihm gleichgültig. Und wenn einer anderer der

Meinung ist: What shalls! Hauptsache, ich fühle mich gut.

Gespräche und Diskussionen werden sinnlos, wenn jeder seinen Horizont für den Himmel hält. Doch viele kleine Himmel machen noch nicht den großen Himmel aus. Umgekehrt wird ein Schuh daraus: Weil es über uns Menschen den einen Himmel gibt, werden wir neugierig, ob es nicht auch ein gemeinsames Fundament gibt, auf dem wir stehen.

Es lohnt sich zu suchen, was uns Menschen verbindet. Und genau das wollen die verbindlichen Werte. Sie sind nicht »meine«, sondern »unsere« Grundlage. Weil sie so wichtig sind, lohnt es sich, um sie zu streiten.

Am Ende darf nicht siegen, wer die Macht hat. Das wäre eine erschreckende Perspektive, ganz gleich, ob wir dabei an Diktatoren, politische und kirchliche Amtsträger oder an Manager in der Finanz- und Wirtschaftswelt denken.

In diesen Diskussionen muss die Vernunft siegen. Wir brauchen eine neue Bewegung, die Lust macht, die eigenen Einstellungen zu begründen. Denn wehe uns, wenn wir nur tun und lassen, was uns das Bauchgefühl sagt. Das kann heute so und morgen wieder ganz anders sein. Ein tragendes Fundament sieht anders aus.

Mit diesem Buch möchte ich Ihnen Geschmack auf Ethik machen. Sie lebt von der Erfahrung, dass Menschen einander brauchen, um nicht wie Blinde die eigene Welt für die ganze Welt zu halten. Sie lebt von der Hoffnung, dass es nie zu spät ist für die richtigen Fragen. Und für die Suche nach den richtigen Antworten.

Bruder Paulus

Weite

Was uns Menschen gemeinsam ist

Auf dem Globus leben über sechs Milliarden Menschen. Sie leben auf verschiedenen Kontinenten und in Tausenden von Völkern und Rassen. Bis heute sind nicht alle entdeckt. In den Tiefen des brasilianischen Urwaldes und den Weiten afrikanischer Steppen leben noch immer unbekannte Gruppen. Sie haben seit Jahrtausenden dort überlebt. Die so genannte Zivilisation hat sie primitiv genannt. Langsam wird uns bewusst, wie überheblich das war. Die so genannte höhere Entwicklung führte zu Schäden, die uns ums Leben zu bringen drohen. Sie bringt Wälder zum Absterben, verseucht Atemluft mit Ozon und hat den Wurfspeer durch perfide Atomsprengköpfe ersetzt. Im Vergleich mit den noch nicht ent-

Ethisch zu sein gehört zum Wesen des Menschen. Ein Tier kann sich nicht etwas erlauben oder verbieten. Nur der Mensch fragt nach Sinn.

deckten Menschen auf unserem Erdball können wir zweifellos auf manchen Fortschritt verweisen. Was die Gründe angeht, ihn zu gebrauchen und zu gestalten, sind wir aber so primitiv, oder besser: sind wir genauso weit wie sie.

Denn das ist allen Menschen gemeinsam: Sie sind ethische Wesen. Damit ist nicht gesagt, ob sie gut oder böse sind oder moralisch oder unmoralisch handeln. Ethisch zu sein gehört zum Wesen des Menschen. Denn kein Tier kann sich etwas erlauben oder verbieten. Nur der Mensch funktioniert nicht automatisch. Ein Hund muss nach dem Fleisch schnappen. Ein Mensch kann tausend Euro zurückweisen, die ihm da gerade angeboten werden. Er muss nicht zugreifen, sondern sieht sich mit Gedanken konfrontiert, die nach dem Sinn seiner Handlung fragen. Diese Frage ist keine andere als die, ob es gut ist, dieses Geld zu nehmen, oder ob es besser und damit sinnvoller ist, es zurückzuweisen. Ob Geld oder erlegtes Tier, globale Wirtschaftsordnung oder Umgang mit den Stammesnachbarn: Primitiv ist der Glaube, man bräuchte nur einige Regeln, und dann würde es schon klappen. Hochkultur zeichnet sich durch die Frage aus, was einem die Ethik gebietet. Was sollen wir tun? Was sollen wir lassen? Und warum? Keiner kann sich solchen Fragen entziehen. Jeder muss darauf seine Antwort finden. Wie aber begründe ich verständlich, was ich will und was ich nicht will? Genau da setzt die Ethik an. Sie beschreibt die Begründungen für das Handeln von Menschen. Rund um den Globus gleichen sich die Gründe, warum Menschen miteinander sprechen, sich verfeinden oder wieder versöhnen. Weil sie es für sinnvoll halten. Weil sie es ethisch finden.

Wir haben uns nicht erfunden.
Staunen

Ethik beginnt mit dem Staunen. So selbstverständlich es klingt: Niemand hat sich selbst geplant. Eher müssen viele heute schon von sich sagen: Ich wurde geplant. Sie denken dabei an Familienplanung oder Retortenbabyzeugung. Doch auch da stimmt es nur bedingt. Bei allem medizinischen Fortschritt bleibt immer ein Rest. Nicht alles läuft so, wie es geplant wurde. Auch kommen viele Zeugungen im Reagenzglas nicht zur weiteren Entwicklung. Es bleibt am Ende ein Wunder, dass dieser bestimmte Mensch geboren wird. Und dieser Mensch kommt, wenn er darüber nachsinnt, ins Staunen, dass es ihn wirklich und wahrhaftig gibt.

Dem Staunen darüber, dass wir uns in dieser Welt vorfinden, ohne es selbst geplant zu haben, fügt sich ein weiteres Staunen an. Unseren Geburtsort, unsere Eltern, unsere Nationalität, Sprache, Spielkameraden usw. haben uns so geprägt, dass jeder wie kein anderer seiner Mitmenschen ist. Trotzdem kann er mit anderen kommunizieren. Menschen entferntester Kontinente können sich schon bei der ersten Begegnung verstehen. Auch wenn man nicht versteht, was der andere spricht: Es gibt Gesten, Augenbewegungen, Handzeichen und Körperhaltungen, die erste Schritte für ein Miteinander ermöglichen. Jeder Mensch ist zwar ein unverwechselbarer Einzelfall, aber wir haben auch vieles gemeinsam.

Aus diesem Staunen heraus sprechen Christen von einem Heiligen Geist, der sich in jedem Menschen ausdrücken will. Wer von Ethik redet, meint die Freiheit, die nur dem Menschen eigen ist: Nicht nur Nachkomme oder Vorläufer für Gattungsgenossen zu sein, sondern seine Geschichte selbst in die Hand nehmen zu können. Freilich sprechen gläubige Menschen dann auch schnell von der Ursünde. Sie besteht darin, dass der Mensch sich nur noch um sich selbst kümmert und vielleicht noch um jene, die in seinem Horizont sind. Der Glaube an Gott öffnet religiösen Menschen den Blick auf das, was er nicht sehen kann. Dies im buchstäblichen Sinn: Es gibt so viel mehr, als man selbst erfassen kann, und doch ist man damit verbunden. Im übertragenen Sinn: In allem, selbst dem sinnlich nicht Erfassbaren, gibt es Gemeinsamkeit und die Anlage zur Kommunikation. Als Kapuziner füge ich noch die Spiritualität des heiligen Franziskus von Assisi an: Aus allem spricht uns etwas an, was die sichtbare Welt übersteigt und uns zu ihr hinführen kann. Gläubige sehen staunend in Gott den Grund, dass es den Menschen gibt und die Welt, in der er lebt. Und Herkunft verpflichtet.

Keiner wurde gemacht. Wir Menschen werden einfach geboren. Wir staunen, dass wir existieren und fragen, was das zu bedeuten hat.

Wir sind je eine Person.
Seele

Auch wenn wir sehr verschieden sind: Jeder Mensch ist einmalig. Von der Geburt bis zum Tod spannt sich ein Bogen. Geschlecht und Herkunftsfamilie prägen den Einzelnen ebenso wie das, was er von der Wiege bis zur Bahre erlebt. Das ist so vielfältig wie das Chaos von Tausenden von Puzzleteilen. Sie zusammenzusetzen und wenigstens Teilbilder des Ganzen zu bilden, ist jeder Mensch bestrebt. Er sehnt sich danach, ein sinnvolles Ganzes zu sein. Diese Sehnsucht ist die wichtigste Äußerungsform der Seele im Menschen. Darüber ist viel diskutiert worden. Unbestritten ist, dass jeder Mensch alles, was zu ihm gehört und was er im Leben erlebt, zu einem einzigen Bild über ihn zusammenbekommen möchte. Seelisch krank nennen wir jene, die dazu keine Kraft mehr finden. Sie fühlen sich fremd in der eigenen Haut und können nicht mehr angemessen auf ihre Mitmenschen reagieren. Es ist ihnen »alles zu viel«, sie können nur noch zwanghaft reagieren oder bleiben in einer bestimmten Wahnvorstellung, wie etwas ist, ohne es mit der Realität verbinden zu können. Mit einem Wort: Sie sind nicht mehr eins mit sich selbst.

Die Seele des Menschen sorgt dafür, dass er sich als Ganzer erlebt. Mit ihr ist er offen für die verschiedenen Erlebnisse seines Lebens. Was ihm an Schrecklichem oder Freudigem widerfährt, wird zur Aufgabe für die Seele, es in Einklang zu bringen mit der bisherigen Gestalt des Menschen. Sie macht aus den Erlebnissen Erfahrungen, die ihn immer mehr zu dieser einen besonderen Person werden lassen. Und was er selbst entscheiden kann, befragt er mit der Kraft seiner Seele, ob das in Einklang mit seiner Person steht – oder stehen sollte.

Die Ethik lebt von der Vorstellung, dass nichts im Leben eines Menschen ungeschehen gemacht werden kann. Sie widersetzt sich ausdrücklich dem oberflächlichen Gefühl für die augenblickliche Situation. So schön sie sein mag: Sie will ethisch gestaltet sein. Damit ist gemeint: Sie muss so gestaltet sein, dass sie zu mir und zum anderen Menschen als Ganzem passt. Um das festzustellen, genügt die Frage: Werde ich es morgen bereuen, dass ich das heute tat? Oder auch: Entspricht es meinem bisherigen Leben, was ich nun vorhabe? Auf den Mitmenschen bezogen heißt das: So sehr er mit diesem oder jenem auch einverstanden ist, was ich da gerade mit ihm plane – darf ich ihn das mit mir tun lassen im Blick auf sein bisheriges und künftiges Leben?

Der Mensch sehnt sich danach, ein sinnvolles Ganzes zu sein. Ethik will dem Menschen helfen, die Gestalt seines Lebens zu formen.

Ethik hat im Sinn, dem Menschen zur Gestalt eines Lebens zu verhelfen, das wirklich die *eine*

Person fördert, die jeder ist. Eine Doppelmoral, in der man einmal so und dann wieder anders lebt, entzweit den Menschen mit sich selbst. Am Ende hält er es mit sich nicht aus. Schwermut, dauerhafte Traurigkeit und Antriebslosigkeit haben ihre Ursachen oft darin, dass Menschen drei oder vier Leben leben wollten, und am Ende keines davon gewonnen haben. An diesem Beispiel sieht man auch, dass Ethik nicht das Leben behindern will, sondern Behinderungen, die durch ein unethisches Leben entstehen, verhindern helfen will. Sie fördert den Verstand des Einzelnen und erinnert ihn an seine Vollmacht, verantwortlich mit sich umgehen zu können. Und dieser eine, unverwechselbare glückliche Mensch werden zu wollen.

Wir sind voneinander abhängig.

Bruder

So einfach es ist, so schwer ist es zu leben: Wir Menschen sind abhängig. Von der Natur. Von unserem Körper. Von unseren Gefühlen. Vor allem aber: vom Mitmenschen. Wer ethisch leben will, bejaht vollumfänglich, nicht ohne die Natur und diese Welt leben zu können. Und nicht ohne alle anderen Menschen dieser Welt. Es hat immer wieder Versuche gegeben, sich einsam und allein durchs Leben zu schlagen. In den meisten Fällen führte das dann doch wieder in die Arme von Mitmenschen, denen man sein Schicksal erzählen konnte. Wenigstens das. Wenn schon, wie bei vielen, die keinen Gott anerkennen können: Wenigstens möchte man sich gesehen wissen von seinen Mitmenschen.

Es hat ein seltsamer Pessimismus unter den Menschen Einzug gehalten. Man gibt nicht mehr viel auf den anderen. Jeder scheint sich vorzustellen, der andere sei wohl doch nur ein gefährlicher Wolf, vor dem man sich schützen muss. In Deutschland fällt mir, wenn ich von Reisen in mediterrane Länder heimkehre, besonders ins Auge: Niemand sitzt vor der Tür am lauen Frühlingsabend. Fast bedrohlich still sind die Wohngebiete am Abend. Jeder für sich. Jeder allein.

Ich habe mir angewöhnt, Menschen nicht nur freundlich zu grüßen, sondern ihnen auch noch einen Satz mehr zu sagen, wenn ich im Zug unterwegs bin. Manchmal entsteht ein Gespräch. Auch wenn es kurz gerät: Schon oft ging ich beschwingter zum nächsten Termin oder nach Hause. Der Fremde hat mir in dem kurzen Miteinander ein Wort gesagt oder einfach durch sein Wesen erschlossen, dass ich nicht allein auf dieser Welt bin. Gewusst habe ich es ja, aber es dann auch zu erfahren, beflügelt.

So sehr auf Technik gesetzt wird und Automation: Wir bleiben abhängig, und sei es von den Bedienern und Programmierern. Selbst bis zum Kühlschrank in der Küche sollen Computer Überwachungsaufgaben übernehmen: Als könnten Menschen sich nicht einmal mehr kurz absprechen, was verbraucht werden muss und was eingekauft werden muss. Klingelte man früher beim Nachbarn, wenn das Salz ausgegangen war, wirft man sich heute ins Auto und fährt zum nächsten Tankstellen-Shop.

Wer ethisch leben will, bejaht vollumfänglich, nicht ohne die Natur leben zu können und nicht ohne seine Mitmenschen.

Die Ethik denkt gut vom Menschen. In jedem gibt es den Willen, dem anderen zu helfen. So sehr das auch verloren gehen kann: Selbst im schärfsten Knast gerät der Schwerstverbrecher in Wallung, wenn etwas gegen die Gerechtigkeit geschieht. So widersprüchlich können wir sein: Wir sehen, was dem anderen und auch uns angetan wird. Was wir selbst aber anderen tun oder taten, bleibt uns verborgen. Schon deshalb rät uns der Grundsatz der Ethik, dem anderen tunlichst das zu tun, was wir wollen, dass es uns angetan wird. Diese »golden« genannte Regel lebt von der Tatsache, dass wir Menschen aufeinander bezogen sind. Wir sollen uns vorstellen, was wir uns vom anderen wünschen. Um es dann ihm zu tun. Er ist der Schlüssel, der uns aufschließt für unsere Möglichkeiten, zu handeln. Und er gibt uns das Maß an, nach dem wir handeln sollen.

Wir sind in den Kosmos eingebunden.
Schöpfung

Der Mitmensch allein reicht noch nicht zum Leben. Wir sind Gott sei Dank wieder sensibler geworden für die Natur, in der wir leben. Und von der wir leben. Die Ethik macht den Menschen darauf aufmerksam, dass er zum Netzwerk der Natur gehört. Er ist darin eingewoben. Als Einziger jedoch weiß er davon. Ihn zeichnet Bewusstsein aus. Er ist mehr als der Ablauf von Reiz und Reaktion. Er ist frei, sich dazu zu verhalten. Er kann sowohl sich beherrschen als auch die Kräfte der Natur erkunden und sie beherrschen. Das alles »natürlich« in Grenzen, und doch findet sich der Mensch als derjenige vor, der sie überschreiten kann.

Juden wie Christen sprechen deshalb nicht einfach von der Natur, aus der wir Menschen – wie auch immer – hervorgegangen sind. Sie reden von der Schöpfung, in die der Mensch hineingestellt ist und in der er einen Auftrag hat. Ihnen ist es fremd, von Schicksalsmächten zu sprechen, denen der Einzelne ausgeliefert sei. Oder von Sternen als willenlose Lenker des eigenen Lebens. Sie sehen in den Gewalten der Natur kein Instrument, mit dem der Mensch gestraft wird. Weder die Natur selbst noch ihre Kräfte sind mit einem Willen ausgestattet. Die ersten Kapitel der Bibel, das Buch Genesis, versteht sich als Proklamation der Freiheit des Menschen in der Natur. Nicht die Sonne zum Beispiel ist Gott, sondern Gott schuf die Sonne. Für Juden wie Christen gehört die Aussage »Gott schuf« und die ihr folgende »Gott segnete« zusammen. Wissend um Gottes Segen kann der Mensch seinen Weg gehen, ohne dass ihm dabei im Grundgefühl nur angst und bange ist angesichts der Größe der Natur. Die gesegnete Schöpfung

> *Wir sind Mitgestalter der schöpferischen Freude Gottes an dieser Welt. Was immer wir erfinden oder nutzen: Daraus soll Segen werden.*

soll sich der Mensch vielmehr untertan machen (vgl. Gen 1,28), allerdings im Auftrag Gottes und wie er segnend, nicht ausbeutend. Es geht um die Freiheit, die Schöpfung schöpferisch zu nutzen. Sich am Geschaffenen freuen und es zur Freude der Mitmenschen einsetzen, sei es durch das Experiment im Labor oder die Sandburg am Strand. Die Natur ist nicht Ort böser Mächte. Wer an den Einen Gott glaubt, sieht in ihr nicht den Sitz vieler Götter, vor denen man sich hüten müsste. Die ganze Schöpfung ist ein Segen, der zum Segen der Schöpfung genutzt werden kann und soll. Das allein ist mit der vielfach missverstandenen Rede vom »Untertanmachen« gemeint.

Das ist eine ethische Verpflichtung. Wenn die Schöpfung aus dem Segen Gottes kommt, müssen wir sie zum Segen Gottes gebrauchen. Was wir auch gestalten, untersuchen, erfinden oder nutzen: Es muss sich einreihen in die Freude Gottes an seiner Schöpfung. Wenn unser Tun mit der Freude Gottes geht, werden wir zum Segen des segnenden Gottes. Wir geben ihm die Ehre, weil wir ganz aus seinem Segen leben, ihn aufgreifen und durch respektvolles Handeln Gott zurückgeben. Verweigern wir uns dieser Verpflichtung, kommt es zum Missverstehen des »Untertanmachens« der Schöpfung mit Ergebnissen, die uns täglich furchterregend vor Augen stehen.

Um der Natur ethisch zu begegnen, können wir auf ihre Stimme hören. Durch die Religionen zieht sich der Gedanke, dass alles, was uns umgibt, eine Botschaft hat, die wir entschlüsseln müssen. In der jüdisch-christlichen Tradition heißt das: Wie Gott seine Schöpfung segnend bejaht, will diese ihren Schöpfer singend bejahen. Und ihre vornehmste Stimme ist der Mensch. »Durch unseren Mund rühmen dich alle Geschöpfe!«, heißt es in einem Gebet der Christen. Franziskus von Assisi gilt als der Heilige, der sensibel das Lied vernimmt, das in allen Dingen wohnt. Wie kein anderer hat er das Lob empfunden, das die geschaffene Welt ihrem Meister singt, einschließlich »Bruder

Krankheitsleid« und »Schwester Todgeweiht«. »Sei gepriesen«, »sei gesegnet« durch Bruder Sonne, Schwester Mond usw. heißt es in seinem berühmten Sonnengesang. Wer auf diese Weise die Geschöpfe und ihre Botschaft hört, kommt unwillkürlich zu der Frage, wie die Gestaltungsmöglichkeiten des Menschen der Natur gerecht werden. Er wird ethisch in seinem Denken und Handeln.

Enge

Was uns Menschen herausfordert

Neun Monate braucht der Mensch, um von der Zeugung zu einem geburtsreifen Wesen heranzuwachsen. Diese Geburt, die für Mutter und Kind schmerzvoll ist wie wenig sonst im Leben, führt durch einen engen Geburtskanal ans Licht der Welt. Zeit seines Lebens wird das Menschenkind von dem Zusammenhang von Schmerz und Licht begleitet. Enge und Leben gehören zusammen. Nie kann der Mensch zum Beispiel den Horizont ganz erfassen, in den er hineingestellt ist. Selbst jene, die umfassend gebildet und weit herumgekommen sind, müssen angesichts des Wissens, das sie haben, bekennen: Ich weiß, wie begrenzt ich bin. Oder, so der griechische Philosoph Sokrates: »Ich weiß, dass ich nicht weiß. Natürlich

> *Wer ethisch leben will, muss bejahen, dass er begrenzt ist. In der Sprache der Bibel: bejahen, dass er nicht Gott ist. Bejahen, dass er Mitmensch ist.*

weiß er etwas. Der Philosoph hält vielmehr fest: Es gibt immer neue Möglichkeiten der Erkenntnis. Auch das Wissen über das »Nichtwissen« selbst kann man nicht sicher wissen. Damit sind wir Menschen in einer Situation, die uns grundsätzlich rätselhaft ist. Wir werden nicht fertig mit den Fragen des Lebens. Obwohl wir im Licht der Welt leben, quält uns das Dunkle der vielen Fragen, die uns das Leben schwer machen.

Wie eng wir sind, obwohl wir sooft von Weite träumen, bringen uns Live-Übertragungen im Fernsehen, Live-Streams im Internet und superaktuelle Twitter-Nachrichten nahe. Sie erwecken den Eindruck, wir könnten überall dabei sein. Die Suchmaschinen im Internet gaukeln uns vor, wir könnten alles wissen und auf alles zugreifen. Spätestens jedoch, wenn wir vom Netz abgehängt sind oder den Aus-Knopf betätigt haben, wird uns bewusst: Wir sind allein. Niemand kann immer überall dabei sein. Keiner kann alles wissen. Uns gehen Nachrichten verloren. Dann werden wir auch einen Moment wach und erkennen, dass niemand z.B. 530 Friends oder das Gezwitscher von 431 Twitterern wirklich verkraften kann.

Je mehr wir über uns hinausgehen wollen, umso einsamer werden wir. Die grenzenlose Jagd nach grenzenlosem Vergnügen endet im Katzenjammer. Unlimited? Keine Erfahrung, die wir machen, macht aus uns einen anderen Menschen. Ob All-inclusive-Urlaube an ausgefallenen Badestränden oder monatelange Pilgerwege mit größten Entbehrungen: Jeder muss sich immer selbst mit auf die Reise nehmen. Die erhofften Glückserfahrungen stellen sich nicht auf Knopfdruck ein. Sie brauchen Zeit. Sie brauchen Mitmenschen. Sie müssen sich entfalten können.

Die größte Herausforderung ist wohl die, dass wir der Zeit Zeit lassen. Alles braucht genau diese, von der wir immer weniger zu haben scheinen. Ethik sieht den Menschen in einem Raum-Zeit-Kontinuum: Wir sind die Zeit, die wir haben und in der wir leben. Keine Minute davon können wir auslöschen. Vergangenheit, Gegenwart und Zukunft: Mehr hat der Mensch nicht. Aber genau dieses hat er auch. Ähnlich ist es mit dem Raum: Sein Körper an diesem Flecken Erde bestimmt ihn. Wie er leidet oder sich wohlfühlt, was er aufnimmt aus der Umgebung und ausscheidet, wie er einatmet und ausatmet: Mehr hat der Mensch nicht.

Wer ethisch leben will, muss bejahen, dass er begrenzt ist. In der Sprache der Bibel: Bejahen, dass er nicht Gott ist. Bejahen, dass er Mitmensch ist. Bejahen, dass er dieses kleine Leben lebt. In all seinen Grenzen. Aber auch in all seinen Möglichkeiten.

Wir müssen nichts.

Freiheit

Der Verhaltensforscher Konrad Lorenz nennt den Menschen ein instinktreduziertes Tier. Er muss nichts. Nicht zurückschlagen den, der ihn schlägt. Nicht hassen den, der ihn hasst. Nicht ausnutzen den, der ihn ausnutzt. Der Mensch kann verzeihen, auch wenn das seiner ganzen Umgebung unlogisch erscheint.

Die Ethik sieht den Menschen deswegen immer in der Verantwortung seinen Handlungen gegenüber. Wir können uns frei gegenüber unseren inneren Impulsen verhalten. Kein Unrecht entschuldigt es, selbst Unrecht zu tun. Die Sünde des anderen ist kein wirklicher Grund, selbst auch zu sündigen. Wir sind freie Wesen und müssen nicht einer Logik folgen, die am Ende doch nur eine Spirale von Gewalt, Unrecht und Tod hervorruft.

Wir können uns von so genannten herrschenden Meinungen oder notwendigen Vergeltungsdynamiken distanzieren. Der Mensch verwirklicht sich nicht im Mitläufertum, sondern in der Freiheit von den Einflüssen, die fremdbestimmen. Wohl dem, der seinem Leben eine Kultur der Ethik gegeben hat, zu der Stunden der Stille ebenso gehören wie leidenschaftliche Auseinandersetzungen mit den eigenen Gefühlen oder den Emotionen der Umwelt.

Der Mensch ist ethisch von seinem Wesen her und hat sein Handeln zu verantworten. Dazu gehört auch – hier erschrecken erst einmal alle, die das hören – der Entschluss, frei von allen Vorschriften und Geboten seinem Leben ein Gesicht zu geben. Die Ethik mag nicht von einem Menschen ausgehen, der in blindem Gehorsam erfüllt, was ihm vorgeschrieben wird. Sie sucht vielmehr nach dem Sinn von all dem, was dem Menschen vorgegeben wird und hilft ihm, darin wiederzuerkennen, was ihm selbst ein grundlegendes Anliegen ist. Mit einem Wort: Sie hält den Menschen dazu an, über sich und das, was er soll und nicht darf, selbst nachzudenken. Schon aus diesem Grund ist Ethik längst nicht bei allen beliebt, die über andere herrschen wollen. Sie meint ja: Jeder Mensch ist Mensch genug, einsehen zu können, was gut und richtig ist. Er ist frei, sich zu entscheiden, wie er handeln will.

Es hat einen langen Weg in der Geschichte gebraucht, um das ins Bewusstsein der Menschen zu heben. Die Französische Revolution steht dafür als markantes Symbol in der europäischen Geschichte. Sie befreite die Gesellschaft aus den Fesseln aristokratischer Herrschaft. Freilich köpfte sie dafür so manchen auf der Guillotine, der ihr im Wege stand. Die Bauernkriege zuvor und die protestantische Reformation sind in unserem Bewusstsein als Befreiungsgeschehen eingeschrieben. Die Arbeiter-

Wir sind freie Wesen und müssen nicht einer Logik folgen, die am Ende doch nur eine Spirale von Gewalt, Unrecht und Tod hervorruft.

aufstände des 19. Jahrhunderts und die kommunistische Idee haben auch nichts anderes im Sinn als die Freiheit des Menschen von unterdrückender Macht. Freilich auch hier: Wehe denen, die der politischen Umsetzung der kommunistischen Ideen im Weg waren …

Auf diese Weise zieht der leuchtende Begriff der Freiheit auch eine grausame Blutspur durch die Geschichte. Tragischerweise kann der Kampf für sie auch schnell zur Unfreiheit vieler anderer führen. Das müsste eigentlich schon Grund genug sein, vorsichtig mit dem Begriff der Liberté umzugehen, wenn er ausschließlich verstanden wird als Freiheit von dieser Herrschaft oder jenen Geboten.

Um ein Bild zu gebrauchen: Wenn im Zoo alle Gitter geöffnet werden, wird am Ende nur der Stärkste als Nutznießer dieser Art Freiheit überleben. Deshalb gehört es zur Ethik, Freiheit und Anerkennung von Grenzen und Regeln des Handelns miteinander vereinbar zu halten. Sie lädt zum Denken ein. Sie erforscht die Sachverhalte in dieser Welt und bildet sich ein Urteil darüber. Sie sensibilisiert den Menschen dafür, dass es andere Kriterien des Handelns gibt als jene, die sich in einer Tabellenkalkulation darstellen lassen. Sie erinnert den Menschen daran, dass er berufen ist, frei von Sach- und anderen Zwängen zu einem freien Urteil und Handeln zu kommen.

Wir können zu viel.
Überfluss

Wir müssen nichts. Dieser befreienden Einsicht folgt die ernüchternde Feststellung: Wir dürfen nicht alles. Es liegt auf der Hand, dass uns Menschen mehr möglich ist, als uns – und vor allem anderen – guttut. Da wir ja, wie der Verhaltensforscher Lorenz sagt, instinktreduziert sind, erlauben wir uns manches, was uns und anderen gefährlich werden kann. Die Fülle der Möglichkeiten, die dem Menschen offenstehen, gefährden ihn gleichzeitig. Die Ethik öffnet die Vernunft auf die Frage an den Menschen: Ist das auch wirklich vernünftig, was du da vorhast?

Damit ist nichts anderes gemeint als die Frage nach dem Sinn unseres Tuns oder unseres Lassens. Denn dass wir etwas tun oder lassen können, meint noch nicht, ob es wirklich sinnvoll ist, entsprechend zu handeln. Unser Handeln daraufhin zu prüfen, heißt: ethisch abzuwägen, wozu es dient. An dieser Stelle kommen die Werte ins Spiel, die anstelle des Instinktes den Menschen anleiten, sich und andere am Leben zu halten. Sie ersetzen den Zwang, so und nicht anders zu reagieren, durch die Gründe, warum man so und nicht anders reagiert.

Wir sind hier an einem Kernstück der Ethik angelangt: Mensch werde ich, wenn ich Werte verwirklichen will. Umgekehrt heißt dies: Wer Werte nicht verwirklicht, beschädigt sein Menschsein. So paradox es sich anhören mag: Wir »müssen« ethisch handeln, wenn wir frei sein und bleiben wollen. Dieses Muss ist am ehesten vergleichbar mit dem Muss der Liebe: Wer einen Menschen liebt, kann gar nicht anders, als an ihn zu denken und auf ihn hin zu handeln. Mit dem Wort »Aus Liebe zu dir« wurden aus Angsthasen wahre Muskelpakete. In der persönlich erfahrenen Liebe wird unmittelbar deutlich, wie sehr man über seinen Schatten springen, nur noch an den anderen denken und jeden persönlichen Vorteil ausschlagen kann.

Was hier gemeint ist, übersteigt das romantische Gefühl, das in dem Beispiel mitschwingt. Wir wissen nur allzu gut, wie sehr Gefühle schwanken können. In der gleichen Intensität, wie das Gefühl in einem bestimmten Augenblick aufbrausen kann und ungeahnte Kräfte freisetzt, nur dies eine zu wollen und alles andere hintenanzustellen, so stark kann es einen wieder davon wegreißen und schlimmstenfalls in Hass umschlagen. Die Ethik spricht von der Liebe als existenziellen Willensakt. Auch der ist intensiv. Die Bibel spricht von Umkehr zu Gott, von Abkehr von den Götzen, von einer Lichterscheinung, die einen Christenverfolger wie Saulus vom Pferd haut und ihn dauerhaft verwandelt. Es geht in allen diesen Fällen um einen Entschluss, sich

Der Sinn kommt nicht aus dem Ausreizen aller Möglichkeiten. Wir leben dann erfüllt, wenn wir um eines Wertes willen auswählen.

ganz auf den Mitmenschen, auf die Gesellschaft, auf die Schöpfung hin zu orientieren. Den Entschluss, den Standpunkt der Selbstsucht zu verlassen und sich dem Nächsten zuzuwenden.

Alles das, was möglich ist, bekommt dadurch Kriterien beigestellt, ob man wirklich tun will, was man könnte. Die Freiheit zur guten Tat unterwirft das, was man kann, dem, was es bewirkt: Ich will mich an den Werten orientieren. Sie sollen mich beherrschen. Sie sind wie Sterne, die den Weg weisen. Der Sinn kommt nicht aus der Lust, aus dem Maximum an Genuss, aus dem Ausreizen aller Möglichkeiten. Die Freiheit, darin und für etwas zu wählen, zugunsten von jemandem oder etwas auch zurückzustecken – das gibt dem Leben des Einzelnen den Glanz und die Erfüllung, die mit Geld nicht zu bezahlen sind.

Wir sollen mehr.
Spiritualität

Wer ethisch lebt, ahnt etwas von der Größe des Menschen. Damit ist nicht der Größenwahnsinn gemeint, der uns allenthalben umgibt, die angestrengte Aufgeblasenheit, mit der oft mehr schlecht als recht ein latenter Minderwertigkeitskomplex kaschiert wird. Mit Größe ist eher ein Gefühl gemeint von Generosität, von Großzügigkeit und Güte. Vielleicht haben sich die Adelshäuser dieser Welt deswegen auf den Titelseiten der Glanzmagazine gehalten; es finden sich genügend, denen König und Prinzessin von einer Welt erzählen, in der man ohne jede Vorleistung etwas ist oder gar werden kann. Die vielen Märchen vom Aufstieg des unscheinbaren Mädchens in den Palast des Königs sprechen ebenfalls diese Sehnsucht an. Selbstverständlich kennt auch die Bibel solche Geschichten. Für Christen steht unüberbietbar Jesus von Nazareth als das Beste aller Beispiele da. Als Gottessohn ans Kreuz gebracht, bleibt er dort königlich, indem er den Hass mit Liebe beantwortet und zum Dank für diese bestandene Prüfung von den Toten auferweckt wird und allen Menschen voraus ins himmlische Vaterhaus geht.

So klein einer auch ist, in ihm steckt die Möglichkeit, groß zu werden. So schwach einer auch ist, in ihm liegt die Möglichkeit zur Stärke. Interessant an den Märchen ist, dass jene schließlich den Sieg erringen um die Hand der Tochter des Königs, die die höchste Achtsamkeit für die Schwachen haben und sich selbstlos von den Bedürftigen aufhalten lassen, selbst auf die Gefahr hin, die aufgegebene Prüfung nicht zu schaffen. Aufmerksamkeit, so sagen die Wüstenväter, ist das Gebet der Seele. Der Mensch kommt dann zu sich selbst, wenn er die Sinne offenhält und sich ansprechen lässt von dem, der ihm oder was ihm begegnet. Niemand ist dazu unfähig. Jeder kann achtsam sein und erkennen, was der Mitmensch oder die Situation jetzt von einem fordert. Und dies nicht als Zwang, sondern eher im Sinne eines Aufschließens: Wer begegnen will, lässt sich gern herausfordern. Er ist bereit, über sich hinauszuwachsen und sich dem Anspruch zu stellen, der ihm hier und jetzt aufgeht.

Die Ethik geht davon aus, dass der Mensch über sich hinauswachsen will. Das ist die Spiritualität des Einzelnen und umfasst alle Verhaltensweisen und Einstellungen, mit denen sich der Mensch den Weg über sich hinaus offenhält. Wer religiös ist, pflegt deshalb das Gebet. Es öffnet auf Gott hin und auf die Gemeinschaft der Glaubenden, es fordert zu Taten der Liebe heraus und hält die Hoffnung wach, dass Gott allein wirklich erfüllen kann. Weniger religiös gesprochen: Stille und Kunst zu pflegen, in denen man sich bereithält für den richtigen Augenblick, wo

Der Mensch will über sich hinauswachsen. Das ist die Spiritualität: der Weg, auf dem der Mensch den Weg über sich hinaus offenhält.

man sich dem Anspruch stellt, der einem entgegenkommt und den man in aller Freiheit beantworten will. Mahatma Gandhi sah eines Tages eine Frau, die nichts hatte und mit nacktem Oberkörper im Ganges badete. Er gab ihr das Oberteil seines Gewandes und ging fortan immer ohne ein solches durchs Land. Oder der Soldat Martin von Tours viele Jahrhunderte zuvor, der einen Bettler sieht und ihm die Hälfte seines Soldatenmantels mit dem Schwert abteilt und vom stolzen Soldaten zu einem demütigen Christen wird.

Sich für den Anspruch bereithalten, der einen herausfordert zu dem gewissen Extra im eigenen Leben – das ist Spiritualität einer Ethik, die groß vom Menschen denkt und allen Seiten Freude macht.

Wir dürfen zu wenig.
Versuchung

Versagen droht. Bei aller Einsicht in das Gute, bei allem Entschluss, die Werte zu wahren: Täglich ist der Mensch herausgefordert, auf dem Weg zu bleiben, den er gewählt hat. Es gehört zu den schlimmsten Erfahrungen der menschlichen Seele, in der Versuchung nicht standgehalten zu haben. Manchmal, so ihr Eindruck, hat sich alles gegen sie verschworen. Sie findet hundert Begründungen, warum sie nur dieses eine Mal abgewichen ist von der grundlegenden Wahl des ethisch vertretbaren Weges – am Ende hilft alles nichts gegen das Eingeständnis: Ich bin schuldig geworden.

Die Ethik muss von der Versuchbarkeit des Menschen sprechen. Es ist ja geradezu so, dass, je mehr man sich für einen Weg entschlossen hat, umso kräftiger die Argumente aufstehen, die einen davon abhalten wollen. Man kennt die Panik der Partner am Tag vor der Eheschließung. Oder gar die Scheidungsquote derer, die nach acht Jahren des Zusammenlebens heiraten und nach einem Jahr die Enge nicht mehr ertragen.

Im Grunde einer jeden Versuchung liegt die Angst, man könne etwas verpassen. Wir werden von dem Gefühl übermächtigt, nicht genügend zu dürfen. Die Urversuchung bekommt auf den ersten Seiten der Bibel einen Namen: Wir wollen sein wie Gott. Alles der eigenen Kraft zuschreiben und selbst Gesetzgeber und Maßstab sein.

Was man eingesehen hat als wertvoll und richtig, kann in bestimmten Momenten plötzlich wie ein Gefängnis erscheinen, in das man sich selbst eingesperrt hat und aus dem man nun ausbrechen muss. Es beschleicht einen das Gefühl, zu wenig erlebt zu haben. Wir reden uns dann ein, die Ausnahme sein zu dürfen oder das Recht zu haben, sich auch einmal außerhalb der Ordnung stellen zu dürfen.

Fast immer kommt die Versuchung in Gestalt einer Erweiterungsfantasie, meistens verbunden mit dem Wörtchen »wenn«: Wenn ich mir das jetzt mal leiste ... Oder: Wenn ich dies jetzt einfach mal nicht tue ... Dann ... ja, dann bin ich weiter als andere, oder ihnen überlegen an Erfahrung, an Geld oder an Einfluss. Die Versuchung setzt am latenten Minderwertigkeitskomplex des Menschen an. Doch statt, dass wir darauf reagieren mit den Formen einer Spiritualität der Wertschätzung, treibt uns die Versuchung von einer Sensation zur nächsten vor sich her und lässt uns schließlich straucheln in einem Gewirr von Lügen, uns und anderen gegenüber. Am Ende weiß der so getriebene Mensch dann nicht mehr, wer er ist. Er kennt auch seine Mitmenschen nicht mehr. Und er wird auch von

Es gibt viele Gründe, von der eigentlichen Wahl abzuweichen. Es kommt auf die Freiheit an, gestehen zu können: Ich bin schuldig geworden.

ihnen nicht mehr erkannt. Er lässt sich von außen bestimmen und hat unversehens dem Versucher geopfert, der ihm einflüsterte, ethisches Verhalten schränke ja doch nur ein.

Der Versuchung zu widerstehen, die einem ein ethisch verantwortetes Leben als langweilig, uncool und als zu wenig nütze schlechtmacht, sollte eigentlich ein Leichtes sein. Viel zu sehr liegt auf der Hand, wie einsam einer ist, der sich nur um sein liebes Ich kümmert. Warum uns das trotzdem immer wieder reizt, ist ein Rätsel der menschlichen Natur, dem wir am besten mit höchstem Respekt und lebendiger Achtsamkeit begegnen.

Ausdehnung

Ethik gilt für alle

Ethik denkt groß vom Menschen. Er wird von seiner Seele, von seinem Verstand und seinem Einfühlungsvermögen herausgefordert, scheinbar Logisches zu hinterfragen. Er ist zu nichts gezwungen. Außer dazu, ethisch zu sein: Sein Tun und Lassen zu verantworten. Die Ethik geht davon aus, dass der Mensch sehr wach sein kann. Und es auch sein muss. Er darf eben nicht alles laufen lassen, sondern muss sich fragen, warum er das eine laufen lässt, und warum er anderem Einhalt gebietet.

Wer ethisch reflektiert handelt, dient der Vision einer Weltethik. Sie ist wahrscheinlicher denn je geworden.

Was immer wir auch tun, es gibt unserem Leben eine Gestalt. Jede einzelne Handlung prägt sich unserem Leben ein. Wir sind, schon bevor wir bewusst entscheiden, von lauter ethischen Entscheidungen unserer Mitmenschen geprägt. Wir tragen unsere Geschichte in unserem Leib durch das Leben. Manche nennen das Schicksal und tragen schwer daran. Andere haben einen Punkt gefunden, an dem sie auf Distanz zu all dem Guten und Bösen gehen, das ihnen widerfahren ist. Sie können hinter all dem Vielschichtigen einen Willen ahnen, der sie darin vorbereitet hat, dieser und kein anderer Mensch zu sein.

Wer religiös zu sein gelernt hat, wird dem leicht zustimmen können. Wer es nicht ist, kann sich wenigstens von der Philosophie der Ethik einladen lassen, alle Widerfahrnisse des Lebens als Aufgabe zur Ganzwerdung der eigenen Person anzunehmen. Jeder Mensch umfasst mit seiner Person einen einmaligen Abschnitt der Geschichte, einen Ausschnitt dieses Erdballs und eine gewisse Form des Denkens. In jedem Menschen kommt ein besonderer Moment der Erdgeschichte zu einer Dichte, die unwiederholbar und damit einmalig ist. Da der Mensch sich als einziges Wesen dieser Welt bewusst ausdrücken kann, verweist die Ethik darauf, dass sich in ihm die Welt zur Sprache bringt. Das ist naturgemäß wiederum einmalig. Und umso staunenswerter ist es, dass sich alle Menschen untereinander verständigen können, und sei es nur durch Mimik und Gestik.

Ihre Geschichten und Ausdrucksweisen, ihr Leid und ihre Freude fügen sie zu einem umfassenden Konzert der einen Menschheit zusammen. So gesehen gibt es den einzelnen Menschen nur als Mitmenschen. Ich kann mich nur verstehen im Spiegel des anderen und im Spiegel aller anderen. Alle gehören zusammen und bilden den einen Menschen.

Ethik ist schon deswegen überall. Es gibt nicht diese oder jene Ethik. Es mag bestimmte Lebensformen und Gewohnheiten geben: Sie nennen wir Moral. Davor steht aber die Lehre von der Fähigkeit des Menschen, sich sein Leben frei zu gestalten und es nach Kriterien auszurichten, die nicht in den Dingen selbst liegen. Dass unser Handeln gerecht sein muss, ist jedem einsichtig. Wie wertvoll wahres Reden und Handeln ist, muss keinem erklärt werden. Welche Wohltat der Friede ist, unter den sich in Friedensverhandlungen kleinere Werte einordnen, erfasst jeder Mensch, zu welchem Kulturkreis er auch gehören mag.

Deswegen trägt jeder, der frei und ethisch reflektiert handelt, zum Wachstum der Weltgemeinschaft bei. Die Vision von einer Weltethik zu verwirklichen, ist wahrscheinlicher denn je geworden. Viele Völker sind Argumenten für einen Krieg nicht mehr zugänglich. Immer mehr wollen sich einschränken, um den Planeten zu schonen. Nur solche Religionen werden noch gehört, die eine Friedensvision verfolgen, in der abweichende Meinungen und andere Religionen ein selbstverständliches Bleiberecht haben.

Wir kommen irgendwo her.
Kontinuum wahren

Jeder Mensch ist anders geprägt. Ihn macht seine Herkunft aus. Niemand konnte sie vorherbestimmen. Keiner hat sich geschaffen. Niemand hat den Ort und die Eltern gewählt, die seine ersten Schritte ins Leben begleiteten. Die Vergangenheit holt uns immer wieder ein. Heimat ist ein Wort, das einen Wert bezeichnet, der sich unmittelbar erschließt. Nicht dass man dort immer bleiben müsste. Aber von dort ist man aufgebrochen ins Leben. Sie wirkt immer weiter. Mag sie auch für jeden einen anderen Namen haben: Unser Denken und Handeln wird von ihr unser ganzes Leben lang beeinflusst.

Wir wurden in diese Welt geboren und in keine andere, in diese Zeit und keine andere, in diesem Land und in keinem anderen – das alles bestimmt uns ebenso wie die Menschen, die uns in den ersten Jahren unseres Lebens liebten, uns beachteten oder auch missachteten. Im Leben reifen heißt: zu all dem ein Verhältnis entwickeln. Wir müssen in Augenschein nehmen, was uns ausmacht. Beherrschen lassen davon müssen wir uns nicht.

Die Ethik lehrt uns, Gutes von Bösem zu unterscheiden, das Heilsame und das Unheilsame zu erkennen. Wir sollen beurteilen, wie unser Lebensweg war. Gegebenenfalls müssen wir ihn korrigieren. Wir können zwar nicht aus unserer Haut, wir können aber verändern, was uns angewöhnt wurde oder wir uns angewöhnt haben. Wir müssen, um ein Beispiel zu nennen, zwar diese Sprache sprechen als erste Muttersprache, können aber neue Wörter und Wendungen lernen. Immer wieder können und müssen wir überprüfen, was weitergehen soll in unserem Leben, und was wir korrigieren müssen.

Unsere Persönlichkeit soll immer mehr zur Vollendung reifen. Die Geschichte von Raum und Zeit ist unser Entfaltungsraum. Darin sind wir eingespannt. Darin gehen wir Schritt um Schritt voran. Was uns auf diesem Weg widerfährt, beansprucht uns. Wir reagieren auf den Anruf des Augenblicks und müssen darin unsere Antwort finden. Es darf dabei nicht darum gehen, möglichst viel zu bewahren, so als ob sich nichts ändern dürfte. Vielmehr geht es darum, an der begonnenen Lebensgeschichte weiterzuschreiben und entschieden und verantwortlich die neuen Herausforderungen persönlich zu prägen.

Reifen heißt: ein Verhältnis zu allem zu entwickeln, was uns widerfahren ist. Es macht uns zwar aus, beherrschen aber darf es uns nicht.

Es geht darum, die eigene Herkunft zu bejahen und nicht gegen die eigene Geschichte zu leben. Daraus ergibt sich im Gegenzug die Pflicht, ebenso zu achten, wo mein Mitmensch herkommt und was zu seinem Leben von Geburt an gehört. Von meiner und seiner Wirklichkeit muss jeder weitere Schritt ausgehen, den wir gehen wollen. Jede Theorie und jeder Plan zu meinem Leben muss daran gemessen werden, ob er mir und meinem Gewordensein angemessen ist. Ob er mein Leben fortschreibt oder mich zwingen will, ein anderer zu werden, als ich bin oder sein soll. Ebenso muss alles Planen und Wollen für einen anderen daran gemessen werden, ob es seine Persönlichkeit für bestimmte Zwecke eher verbiegen oder sie weiterentwickeln will.

Wir haben jetzt zu tun.
Weichen stellen

Der französische Philosoph Jean-Paul Sartre hat sich sehr pessimistisch zur Freiheit des Menschen geäußert. Wir seien zu ihr verdammt, da wir nicht die Freiheit hätten, uns für die Unfreiheit zu entscheiden.

Tatsächlich müssen wir uns täglich zu dem verhalten, was uns begegnet, was wir sagen wollen oder unterlassen möchten. Damit sind wir im Alltag Hunderte von Malen gefordert, eine ethische Entscheidung zu treffen. Auch sie nicht treffen zu wollen, drückt unsere Ethik aus. Wir können nicht »nichtethisch« sein. Wir sind zur Ethik – nein, nicht verdammt, sondern wir sind zur Ethik gerufen und mit dem Vermögen ausgestattet, nicht blinder Befolger unserer Triebe zu sein. Menschsein ist ein »Tuwort«. Oder besser noch: ein Entscheidungswort. Als Menschen sind wir verpflichtet, die Weichen unseres Denkens, Redens und Handelns zu stellen. Wir dürfen das nicht einem anderen überlassen. Ich selbst bin und kein anderer ist gefragt, ob ich treu bleibe oder untreu werde. Dem anderen Eigentum zu stehlen oder es ihm zu lassen, ist meine Tat. Mich einzusetzen für eine bessere Umwelt oder alle Angebote, schonender mit den Ressourcen der Natur umzugehen, auszuschlagen, ist meine Wahl.

Wenn es praktisch wird, ist unsere Kenntnis gefragt, woraus sich ethisch gesehen die Pflicht zur Information ergibt. Ein ethisches Urteil, das dem Wahren, dem Guten, dem Schönen, dem eigenen Leben wie dem Leben der Umwelt verpflichtet ist, muss auf Sachkenntnis beruhen. Niemand darf sich billig entschuldigen, er habe es ja nicht gewusst. Der Gebrauch der Kommunikationsmittel muss von uns in die Hand genommen werden; wir müssen die Weichen auch da sehr bewusst stellen. Es ist nicht gleichgültig, ob ich Bücher lese oder mich nur schwer dazu motivieren kann, den Gedanken eines anderen Menschen in einem Buch zu folgen. Wenn ich nur Schlagzeilen einer Zeitung aufnehme, werde ich mich anders verhalten, als wenn ich mich entscheide, zehn Minuten am Tag oder 20 Artikel einer Zeitung zu lesen. Ähnlich ist es mit der Auswahl von Radio- und Fernsehprogrammen. Zu sagen, man habe dafür keine Zeit, entschuldigt nichts – im Zeitalter von Podcasts, durch die man gute Sendungen auch zu einem anderen Zeitpunkt unterwegs abspielen kann.

Wer ethisch lebt, macht sich bewusst, wie viel von ihm abhängt, weil jede Minute seines Lebens eine entscheidende ist. Er pflegt ein waches Bewusstsein für die Entwicklungen seines Berufes, der Gesellschaft, der Pädagogik im Bezug auf eigene Kinder und auch der Philosophie und Religion. Erstaunlich, wie konservativ sich da Linke wie Rechte geben, die am liebsten im abgegriffenen Taschenbuch ihrer Jugendzeit blättern, in dem sie jene Wahrheiten gefunden haben, die nun ein ganzes Leben lang halten sollen. Vermutlich würde vieles anders aussehen in unserem Land, wenn jeder sich entschließen würde, zweimal im Jahr einen geisteswissenschaftlichen oder auch naturwissenschaftlichen Vortrag zu hören, der sich an die Allgemeinheit richtet. Wir würden insgesamt mehr zusammenwachsen im gemeinsamen Beobachten der Welt und dem Ziehen neuer Schlussfolgerungen, anstatt uns ständig im wahrsten Sinne des Wortes auseinanderzusetzen und zu keinen grundlegenden gemeinsamen neuen Entscheidungen zu kommen.

Menschsein ist ein Entscheidungswort. Als Menschen sind wir verpflichtet, die Weichen für unser Denken, Reden und Handeln zu stellen.

Unsere Verantwortung für die Weichen, die wir stellen, sei es unbewusst oder bewusst, gewollt oder ungewollt, verbindet uns zur Pflicht, im Gespräch miteinander zu bleiben. Der eine sieht, was der andere übersieht. Tun wir etwas nicht, wird es ein anderer tun. Abwarten ist keine Tugend im Umgang mit der Welt.

Wir hinterlassen eine Spur.

Zukunft beachten

Wer ethisch leben will, macht sich verantwortlich für die Zukunft der Welt. Was wir heute tun, wirkt sich auf das Morgen aus. Auch wenn ich selbst nicht mehr sein werde – die Folgen meiner Taten werden dort sehr wohl noch zu spüren sein.

Wir sind deswegen nicht nur verantwortlich dafür, heute tatkräftig zu handeln mit dem Blick auf die Erfahrungen der Vergangenheit, sondern auch mit dem Blick auf die Zukunft. Wie wird sich auswirken, was ich heute tue. Und das nicht nur für mich und meine unmittelbaren Nächsten. Es hat ja auch weiter gehende Folgen, ob ich ein Stück Land so bebaue oder nicht, ob ich meine Ferien eher naturnah mache in Deutschland oder mit dem Billigflieger in Bettenburgen der Touristikzentren fahre. Was immer mir auch angeboten wird, muss ich befragen, was es für die Zukunft der Welt und auch für meine Zukunft bedeutet, dass ich das annehme oder ausschlage, was mir möglich ist.

Gerade im Blick auf die Zukunft lässt sich einwenden, dass es ja doch nicht genau vorherzusagen ist, wie sich dieses oder jenes auswirken wird. Auch meinen manche, es sei ja wohl eher überzogen, den Einzelnen haftbar machen zu wollen für Zukunftsfragen. Genau gesehen könne doch diese eine Geschwindigkeitsbegrenzung, die ich einhalte um des Kraftverbrauches willen, ja wohl nichts beitragen zur Zukunft, und schon gar nicht im Vergleich mit den vielen Großverbrauchern dieser Welt.

Ethisch gesehen kommt es, um bei diesem Beispiel zu bleiben, nicht auf die Anzahl der gesparten Liter an, sondern auf die Haltung des Herzens, mit der jeder nach seinen Möglichkeiten auch die

Konsequenzen seines Handeln für die Zukunft in den Blick nimmt. Wie jeder hier nicht allein ist mit denen, die seine Zeitgenossen sind, so gehören zu ihm heute auch schon jene, die morgen leben werden. Die Nächstenliebe meint nicht nur die Gegenwart, sondern auch die kommenden Generationen. Wer heute einen Apfelbaum pflanzt, müht sich für die Nachkommen, damit diese dann die Früchte ernten können. Die Entscheidung, Eltern werden zu wollen, ist vor allem ein Geschenk an die Zukunft der Menschheit. Wer wissenschaftlich arbeitet, macht sich verdient um den Fortschritt der Weltgemeinschaft – und wo es eher zum Unheil dienen kann, wird er sich entsprechend beschränken.

Vergangenheit, Gegenwart und Zukunft sind das ethische Zeitdreieck, in dem sich unser Entscheiden vollzieht. Wir sind Zeitgenossen im besten Sinn des Wortes: Ohne die Zeit können wir nicht existieren. Alle drei Dimensionen bestimmen unser ethisches Tun. Wer nur die Einstellungen von gestern mit einbezieht, wirkt erstarrt. Wer das Gestern vergisst und allein das Heute gelten lässt, verliert den Rückhalt für sein Leben. Und wer nur die Zukunft sieht, überfordert sich leicht und zerbricht aus mangelnder Wahrnehmung der Gegenwart.

Die Zeit, in die wir eingespannt sind, verstreicht unaufhaltsam. Mit dem Tod kommt sie für den Einzelnen zum Stillstand, irdisch betrachtet. Dass wir sterben müssen, treibt uns zur Tat. Das Memento mori – zu Deutsch: Bedenke den Tod! – gehört zu den alten Weckrufen der Menschheit. Er verweist auf die Vergangenheit: Die sollst du vollenden! Er verweist auf die Zukunft: Sie ist nicht unendlich. Und verweist deswegen vor allem auf die Gegenwart: Wer bedenkt, dass er sterben wird, ergreift heute die Chance, selbstbewusst und verantwortlich die Weichen zu stellen für das eigene Leben

Vergangenheit, Gegenwart und Zukunft sind das ethische Zeitdreieck unserer Entscheidungen. Wir sind in jeder Dimension Zeitgenossen.

wie auch das Leben seiner Mitmenschen, ohne die er ja nicht existieren kann.

Wir kommen an kein Ende.
Gott annehmen

Zu den Merkwürdigkeiten der menschlichen Existenz gehört, dass wir uns nicht denken können und vielleicht auch nicht wollen, einmal nicht da gewesen zu sein. Oder, dass wir einmal nicht mehr da sein werden. Natürlich können wir uns das mit dem Kopf sagen. Mit unserem Denken ganz erfassen können wir es nicht.

Es ist so, als seien wir aus der Sehnsucht gemacht, ewig sein zu können. Die Ethik beschreibt das Wesen des Menschen mit solchen Worten. Sehnsucht nach Glück, die Vorstellung, ewig leben zu können und die Fähigkeit, intuitiv erfassen zu können, dass es eine Lebendigkeit über diese Welt hinaus gibt. Anthropologen markieren den Eintritt des Menschen in die Reihe der Lebewesen dieser Erde mit der Anlage von Friedhöfen. Es gibt da noch eine Reise über den Tod hinaus; in den frühen Gräbern finden wir deswegen Früchte und Bekleidung für diesen besonderen Reiseweg. Die Vorstellung einer Ahnenwelt und einer Götterwelt durchzieht den Fortgang dieses Anfangs der Menschwerdung bis heute.

Auf die Frage, ob er an Gott glaube, antwortete der Hirnforscher Manfred Spitzer: Das sei eine persönliche Frage. Auf meine Nachfrage, was die Wissenschaft davon sagen könne, beschrieb er mir die Vorgänge, die er feststellen kann, wenn der Mensch einen blauen Tisch sieht. Er schloss mit der Bemerkung: Ob es diesen blauen Tisch wirklich gibt, das kann ich ihnen mit meinem Wissenschaftsgebiet nicht belegen. Er fügte hinzu: Und ich wäre verrückt, wenn ich die Selbstverständlichkeit, mit der sechs Siebtel der Weltbevölkerung religiös sind, anfangen wollte zu bezweifeln.

Die Ethik nimmt ernst, dass es religiöse Menschen gibt und weist den Menschen auf die Pflicht hin, auf diese Dimension des Lebens zu achten. Selbstverständlich ist der Glaube, wie ihn Menschen der verschiedenen Religionen leben, keine Pflicht für jene, die sich für nichtreligiös halten. Mit der Formulierung der jüdisch-christlichen Religion, man solle Gott, den Herrn lieben, wird aber auch ihnen ein wichtiger Hinweis gegeben. Es geht um eine Achtsamkeit für die Tatsache, dass wir Menschen einen unstillbaren Hunger nach Liebe, Anerkennung und Wertschätzung haben, der nicht auf unsere Leistung bezogen ist, sondern auf unser Dasein an sich. Wir wollen geliebt werden um unserer selbst willen. Dann erst kommen wir zur Ruhe und finden den Frieden, der den Geschmack von Erfüllung hat. Doch genau ein solcher Frieden stellt sich, wenn überhaupt, nur selten ein.

Religion ist Sehnsucht nach Glück; die Vorstellung, ewig zu leben; intuitiv zu erfassen, dass Leben mehr ist, als wir denken können.

Umgekehrt erfahren wir es ähnlich: Wenn wir unsererseits einen anderen einfach nur lieben ohne alle Absichten, werden wir bald einsehen, dass wir ihn nie vollkommen lieben können. Das Wesen der Liebe besteht ja geradezu darin, niemals zu sagen: Jetzt liebe ich dich vollkommen.

Dass wir mit dem Frieden mit uns selbst und der Liebe zum anderen an kein Ende kommen, könnte uns unglücklich machen. Nicht wenige ertragen die offene Sehnsucht nach dem Mehr an Frieden und Liebe nicht. Sie suchen Momente rauschhafter Erfüllung in exzessivem Genuss unterschiedlichster Couleur. Umso schlimmer der Kater, wenn sie wieder aufwachen und schlimmstenfalls sich gerade wieder neu in einen unheilvollen Kreislauf stürzen auf der Jagd nach der höchsten Erfüllung.

Die Ethik bescheidet dem Menschen, an kein Ende kommen zu können auf der Suche nach dem absoluten Glück. Wenn sie ehrlich ist, verweist sie den Menschen auf die Einladung der jüdisch-christlichen Überlieferung, die letzte Erfüllung sich schenken zu lassen. Und den zu lieben, der dies allein vermag. Sie kann nur dahin verweisen. Und vielleicht noch die Pflicht eines jeden Menschen betonen, sich im Spiegel der Gottesliebe so vieler Mitmenschen in der Welt zu fragen, wo er vielleicht bis jetzt etwas übersehen hat. Mancher, so wissen die Gläubigen, ist nämlich religiöser, als er sich zu sein traut.

Tiefe

Ethik einüben

Die Ethik ist zu Unrecht in den Ruf geraten, einem die Freude am Leben verderben zu wollen. Wer ethisch leben will, willigt in eine Lebensweise ein, die sich immer im Zusammenhang mit der Welt sehen will. Wir brauchen den Mitmenschen und die Welt, in der wir leben. Darum herrscht im Herzen aller religiösen, ethischen und spirituellen Traditionen das Prinzip der Anteilnahme. Es macht uns ethisch und fordert uns dazu auf, andere so zu behandeln, wie wir selbst behandelt werden wollen.

Menschen, die wir für ihren ethischen Einsatz bewundern, übten ein Leben lang, auf ihr Innerstes zu hören.

Die Anteilnahme ist ein beständiger Prozess, der uns selbst am Leben erhält, während wir anderen damit Leben spenden. Sie weckt die Liebe zum Nächsten, die uns unermüdlich dazu auffordert, das Leiden unserer Mitmenschen zu erleichtern, und statt uns selbst unsere Mitmenschen zum Mittelpunkt unserer Welt zu machen. Sie drängt uns, die unantastbare Würde jedes einzelnen Menschen zu ehren und ohne Ausnahme jeden mit absoluter Gerechtigkeit, Gleichheit und Respekt zu behandeln.

Die Ethik lehrt uns, dass wir dann leben werden, wenn wir andere in ihrem Leben fördern. Sie gibt uns eine positive Einstellung zu kulturellen und religiösen Unterschieden. Sie sucht nach den Werten der menschlichen Kultur und fördert das informierte Einfühlen in das Leiden aller Menschen, auch derer, die als Feinde gelten.

Zu dieser Vertiefung der menschlichen Existenz führt eine anteilnehmende Nächstenliebe. Es ist die ethische Pflicht jedes Menschen, sich in dem festen Willen zu verwurzeln, die Selbstsucht zu überwinden. Es geht um die Fähigkeit, »fünf gerade sein lassen« zu können und bereit zu werden zu Akten der Barmherzigkeit, die politische, dogmatische, ideologische und religiöse Mauern einreißen.

Ethisch zu sein entspringt unserer gegenseitigen Abhängigkeit. Aus Liebe barmherzig zu sein, ist existenziell für alle menschlichen Beziehungen. Die Grundlage erfüllten Menschseins findet sich in den Regeln der Ethik. In der jüdischen Tradition werden die Gebote als Weg zur Weisheit gesehen. Jesus verweist auf seine Person und bezeichnet sich als die Erfüllung des Gesetzes. Ob man auf Buddha verweist oder auf Mahatma Gandhi, auf Mutter Teresa oder die Friedensdemonstranten der friedlichen Proteste zur Wendezeit im Osten Deutschlands: Aus allen leuchtet die einfache Wahrheit, dass derjenige glücklicher und erfüllter lebt, der für das glückliche und erfüllte Leben der anderen buchstäblich auf die Straße geht.

Sie folgen dabei einem Impuls, den sie aus ihrem Innersten empfangen haben. In die Herzen aller

Menschen ist eingeschrieben, was sie leben und was sie lassen sollen. Bei den Menschen, die wir für ihren ethischen Einsatz bewundern, lassen sich daher Lebensweisen oder zumindest Lebensphasen entdecken, in denen sie sich bereit machen, diese Botschaft aus dem Innersten zu empfangen.

Wer bis hierher gelesen hat und vielleicht schon ungeduldig geworden ist, weil er für seinen Alltag ethische Regeln möchte, wird nun auf seine Kosten kommen. Aber anders, als erwartet. Wer konkrete Verhaltensregeln will, wird enttäuscht werden. Kein Buch und kein menschlicher Ratgeber kann uns die Entscheidungen des Alltags abnehmen. Wie wir aber zu einem Leben aus der Tiefe unseres Herzens kommen, zu einem Leben, in dem wir die Ethik im wahrsten Sinne des Wortes beherzigen, dafür lassen sich Hinweise geben.

schweigen

Die Physik lehrt uns, dass Energie einer Bewegung aus der Stabilität des Fundamentes kommt, von dem aus sie startet. Unwandelbare Grundsätze gehören paradoxerweise zur Fähigkeit voranzukommen. Nur Kinder, die ein sicheres Daheim haben, können sich hinauswagen und ihre Umwelt erkunden.

Der Mönch Benedikt von Nursia, einer der Gründungsväter unserer abendländischen Kultur, hat seine Klöster gegründet als umfriedete Bereiche, in denen Stille herrschen sollte. Aus dieser Stille kam die Musik und die Kunst, ebenso aber die Gastfreundschaft und Offenheit für die Menschen ringsum. Klöster wurden, weil sie so stabil waren, zum Fundament, auf dem und um das herum sich Stadt- und Handelskultur bildeten.

Stille ist die Grundvoraussetzung für eine Stabilität, bei der Innerlichkeit und Aufmerksamkeit für das Außen in der Waage sind. Die ethischen Fundamente werden im Schweigen gewonnen. Wer im Alltag nicht abschaltet, wo nur Lärm und Fremdbestimmung herrschen, reiht Fehlurteil an Fehlurteil. Die alltägliche Geschäftigkeit führt dazu, dass Bedürfnisse des Nächsten übersehen, die eigenen körperlichen Grenzen überschritten und die Zeitgenossen genervt werden. Kurzum: Man verliert den Kontakt zu sich. Und damit auch zu allem, was zu einem gehört.

Ethisches Verhalten wird aus der Freude am inneren Sinn der Dinge und Gegebenheiten geboren. Man erfasst ihn am besten schweigend.

Unser Alltag braucht Zonen des Schweigens, wenn wir wirklich ethisch leben wollen. Entscheiden Sie sich, am Morgen Stille zu pflegen. Bevor Sie Ihr Haus betreten nach dem Arbeitstag, atmen Sie eine Minute durch. Schweigen ist eine Haltung, die sich auf die Kraft verlässt, die im Herzen ist. Schweigen drängt die Außensteuerung zurück. Wer schweigt, lässt seine Gedanken kreisen – was schmerzlich sein kann! – und gönnt ihnen einige Ehrenrunden, bis sie sich der Frage unterwerfen: Wirklich gut? Wem nützt das? Kann das nicht warten?

Solche Fragen können für die Entscheidung, die man treffen muss, hilfreich sein. Wohl dem, der sich Zeit dafür lässt, sie zu beantworten.

Zum Schweigen gehört jedoch auch, sich Zeiten ohne Entscheidungsbedarf zu gönnen. Ethik braucht geschulte Aufmerksamkeit, die zunächst auf nichts gerichtet ist. Verschiedene Meditationsübungen, Yoga, Musik machen oder Gebirgswanderungen unternehmen – dies und vieles mehr schult das eigene Herz, für die wahren Werte des Leben offen zu bleiben und die feinen Signale der Mitmenschen und der ganzen Umwelt aufzunehmen.

Alle Lehrer der Religionen waren Meister des Schweigens und sparsam an Worten. Vor dem Reden das Hören, vor dem Tun das achtsame Erwägen. Wer Schweigen übt, macht sich bereit, das Wesen der Dinge, der Fragen der Mitmenschen zu erfassen. Manchmal hat man dafür keine Worte. Oft kommt es zu einer überraschenden Einsicht. Ethisches Verhalten wird geboren aus der Freude am inneren Sinn, den man schweigend erfassen will.

Die Fakire der Hindus, die auf einem Nagelbrett sitzen können, sind extreme Beispiele für den Vollzug des Menschheitswissens, dass selbst den schärfsten Herausforderungen mit Schweigen die Spitze genommen werden kann.

Wer nach der Ethik fragt, unterbricht die Schärfe, mit der etwas logisch so und nicht anders entschieden werden soll. Die Gedankenlosigkeit, mit der Menschenarbeit nur noch durch Zahlen bewertet wird. Die Verachtung, mit der ein Kranker nur noch so behandelt zu werden droht, dass es den betriebswirtschaftlichen Erfordernissen einer Klink entspricht. Oft reicht es schon, nach glühenden Vorträgen, die dieses oder jenes für notwendig und unumgänglich weismachen wollen, eine längere Zeit zu schweigen. Manchmal erhebt sich dann wie von selbst die Einsicht, dass noch lange nicht alles gesagt und eine Rechnung ohne Ethik aufgemacht wurde.

gehorchen

Gehorsam zu sein widerspricht in den Ohren (!) der Zeitgenossen ihrer Auffassung vom freien Menschen. Trotzdem: Die Ethik muss davon sprechen. Denn den Werten muss gehorcht werden. Widersprüchlich mag das klingen: Damit der Mensch frei und damit ein ethisches Wesen bleibt, muss er der Tatsache gehorchen, dass die Werte ihn binden wollen. Sie helfen uns, in aller Freiheit so zu entscheiden, dass wir uns als Menschen erweisen.

Selbstverständlich kennen wir aus der Geschichte den Missbrauch des Gehorsams als Tugend, die am Ende lauter unselbstständige Menschen hervorbrachte. Davon ist hier aber nicht die Rede. Eher geht es um eine Grundhaltung, von der Joachim-Ernst Behrend, ein Jazzexperte und Fachmann für das richtige Hören, erzählt hat. Darin geht es zunächst – noch einmal – um das Schweigen.

In den Sechzigerjahren war er einer der Ersten, die in einem japanischen Zen-Kloster meditieren wollten. Zu diesem Zweck begann er einen Briefwechsel mit einem Mönch des Zen-Klosters in Kyoto. Er wurde eingeladen und flog in froher Erwartung hin. Dort angekommen, bekam er allerdings einen Kulturschock. Ihm war nicht bewusst, dass Kyoto trotz aller Tempel auch eine weltliche Großstadt ist. So wurde direkt gegenüber des Klosters gerade ein Hochhaus gebaut, und im Zen-Kloster war den ganzen Tag der Lärm der Baustelle zu hören. Er war sehr enttäuscht und wollte sofort wieder abreisen. Aber da er schon mal da war, wollte er sich zumindest mit dem dortigen Zen-Meister einmal unterhalten haben. In dem Gespräch riet ihm der Meister, es trotzdem mit

Damit der Mensch frei und damit ein ethisches Wesen bleibt, muss er der Tatsache gehorchen, dass die Werte ihn binden wollen.

der Meditation wenigstens zu probieren. Am Ende hatte er gelernt, die Geräusche als ständige Begleiter anzunehmen. Er vermochte sie zu durchdringen und auch in ihnen die Stille zu hören.

Behrend kommt mit seinem Bericht dem sehr nahe, was der Gehorsam, ethisch betrachtet, will. Es geht um die Bereitschaft, den Dingen auf den Grund zu gehen. Nicht alles, was auf der Hand liegt, ist schon das Wichtigste, das man wissen muss. Kam auch die andere Seite zu Wort? Wie ist der Ton, mit dem mir eine Information hinterbracht wird? Manchmal kann man aus dem Zeitpunkt, zu dem jemand mit einem spricht, schon etwas von dem heraushören, was er eigentlich gern verborgen hätte.

Der Gehorsam, der zu einem ethischen Leben gehört, gibt den Werten Vorrang und führt zu einer umsichtigen und disziplinierten Haltung, wie sie vom griechischen Philosophen Sokrates erzählt wird. Zu dem kam einer gelaufen und sagte: »Höre, Sokrates, das muss ich dir erzählen!« »Halte ein!«, unterbrach ihn der Weise, »hast du das, was du mir sagen willst, durch die drei Siebe gesiebt?« »Drei Siebe?«, fragte der andere verwundert. »Ja, guter Freund! Lass sehen, ob das, was du mir sagen willst, durch die drei Siebe hindurchgeht: Das erste ist die Wahrheit. Hast du alles, was du mir erzählen willst, geprüft, ob es wahr ist?« »Nein, ich hörte es jemanden erzählen und …« »So, so! Aber sicher hast du es im zweiten Sieb geprüft. Es ist das Sieb der Güte. Ist das, was du mir erzählen willst, gut?« Zögernd sagte der andere: »Nein, im Gegenteil …« »Hm«, unterbrach ihn der Weise, »so lasst uns auch das dritte Sieb noch anwenden. Ist es notwendig, dass du mir das erzählst?« »Notwendig nun gerade nicht …« »Also«, sagte lächelnd der Weise, »wenn es weder wahr noch gut noch notwendig ist, so lass es

Zur Ethik gehört Disziplin: Nur hören wollen, was wahr ist; nur sagen wollen, was gütig ist; nur bewegen wollen, was notwendig ist.

begraben sein und belaste dich und mich nicht damit.«

vertrauen

Viele Zeitgenossen haben das Gefühl, sie sind nur noch als Rädchen in einem System gefragt. Wer erfährt, dass ein Wert anhand einer Tabellenkalkulation ausgerechnet wird, kann zu keinem anderen Ergebnis kommen. Die Fähigkeit, Verständnis zu haben, jemanden aus Liebe anzunehmen ohne Vorbedingung, mit anderen spielen zu können oder Versöhnung zu stiften, zählten nicht im Schulzeugnis und zählen nun auch nicht mehr im so genannten richtigen Leben.

»Ich wird am Du« benennt der jüdische Religionsphilosoph Martin Buber die Grundlage menschlicher Existenz. Freiheit erwächst aus dem Dialog. Aus der Liebe eines Mannes und einer Frau wird das Kind. Es wird angesprochen und ins Vertrauen gezogen bei den Eltern und kann darin seinen Willen und damit seine Freiheit entwickeln. Der

Anspruch der Eltern fordert das Kind heraus: zu sprechen, zu laufen, zu lieben, zu verzeihen – und schließlich auch, Fertigkeit zu entwickeln und zu lernen auf den vertrauensvollen Verdacht hin, dass die Eltern es nicht ins Verderben führen werden.

Freiheit ist die Frucht des Vertrauens, dass der andere mir gut sein will, zumindest so gut, wie er sich selbst sein will. Die Bibel macht daraus das Bekannteste aller Gebote: »Du sollst deinen Nächsten lieben wie dich selbst.« (Lev 19,18)

Dabei ist »Liebe« kein Gefühl. Damit ist der Entschluss gemeint, den Standpunkt der Selbstsucht zu verlassen. Wer liebt, verlässt seine Ego-Insel und hat Lust auf neue Sichtweisen, Baupläne und vor allem: auf Menschen.

Der Vertrauensvorschuss gehört zur Ethik wie die Rakete zum Forschungssatelliten. Unsere Mitmenschen und die ganze Welt, in der wir leben, sind oft ganz anders, als wir befürchten. Wer den Absprung ins Vertrauen nicht schafft, vervielfacht Angst, Egoismus, Einsamkeit und schließlich Krankheit. Anstelle des Menschen wird die Sache gesetzt. »Werde mal sachlich« – wer so etwas zum anderen sagen muss, weiß, dass da kein Vertrauen ist und kein richtiges Hören aufeinander. Viele Prozesse in Parteien, Unternehmen und mancherorts leider auch in der Kirche, sind so leer an Liebe, Vertrauen und damit Freiheit, dass ethisches Nachdenken und Handeln kaum noch eine Rolle spielen. Wo kein Vertrauen herrscht, herrscht der blanke Wahn. Konkurrenzwahn: Alle erleben alle als Gegner. Tabellenwahn: Nur was sich auflisten lässt, kommt vor. Bilanzwahn: Es zählt nur noch, was unterm Strich steht. Freizeitwahn: Die Arbeit ist Fluch, nur das »danach« ist noch »Leben«. Oder der Verdienstwahn: Man ist, was man verdient.

Freiheit ist die Frucht des Vertrauens, dass der andere mir gut will, zumindest so gut, wie er sich selbst sein will.

Die Alternative dazu: Der Entschluss zum Vertrauen in den Wert des anderen. Wertschätzung und Anteilnahme an seiner Person. So erst entsteht die kreative Atmosphäre, die den entscheidenden Schritt nach vorn ermöglicht. Misstrauen erstickt jeden neuen Gedanken. Die Lösung für das Neue steckt nicht in den alten Sicherheiten, sondern in dem Vertrauen, dass der andere Freude am gemeinsamen Wachstum hat, das er nicht missbrauchen wird.

Gewiss, wir sind gebrannte Kinder, was das Vertrauen angeht. Der ethische Anspruch an uns jedoch ist, den anderen nicht so zu behandeln, wie wir behandelt wurden. Oder wie ein gescheiter Mann es ausdrückte: Die Sünde des anderen ist noch lange kein Grund, selbst zu sündigen. Im Gespräch mit dem Tänzer Detlef Soost, der nach Heimerfahrung und Ablehnung wegen dunkler Hautfarbe zu einer Karriere gefunden hat, die er nun auch anderen jungen Leuten ermöglichen möchte, wurde deutlich: Was immer einer erlebt hat, befreit ihn nicht von der Pflicht, sich zu bewegen, und das nach einer Musik, die er sich selbst wählen kann!

lieben

Wenn wir in der Ethik von »Liebe« sprechen, geht es um den Entschluss, den Wert des anderen als bindend für einen selbst zu achten. Es geht um eine Bewegung des Willens. Wir sind frei in diesem Wollen. Wir sind frei, ihn zu leben. Allerdings, und dies ist ein Paradox, das sich nicht auflösen lässt: Leben wir nicht in aller Freiheit die Liebe, kommen wir in die Hölle – was nichts anderes ist als die absolute Beziehungslosigkeit.

Wer im ethischen Sinne liebt, nimmt bewusst in Kauf, Lust, Bequemlichkeit und andere »schöne« Gefühle hintenanzustellen. Es ist eine Entscheidung gegen Oberflächlichkeit und Dummheit. Wer liebt, will der Wahrheit die Ehre geben und gerecht sein, und das auch dann, wenn man nicht nur keinen Vorteil davon hat, sondern vielmehr deswegen sogar einen Nachteil erleiden muss.

Wer liebt, folgt dem unwillkürlichen Impuls, der sich aus einer wunderbaren Entdeckung ergibt: Man muss einfach tun, was einem die Werte gebieten. Indem man sie lebt, werden sie einem noch lieber. Selbst Widerstand, der einem entgegenschlägt, weil man gerecht lebt, wahrhaftig und verlässlich, kann die Liebe noch verstärken: Jetzt will ich erst recht für den Frieden kämpfen. Für die Gerechtigkeit eintreten usw.

Wer einmal anfängt, entschlossen zu lieben, will den neuen Blickwinkel nicht mehr missen. Mehr noch: Er möchte ihn mit anderen teilen. Weil das Wertvolle eines Lebens nach ethischen Maßstäben so beglückt, will man anderen davon mitteilen. Die Liebe kann ja kaum ertragen, dass ein anderer nicht entdeckt, was man selbst für wertvoll erachtet. Das Schöne daran: Kommt man mit einem ins Gespräch, warum man ethisch leben will, stellt der einem neue Fragen zum eigenen Leben – und man entdeckt selbst ganz neue Aspekte, worauf sich ethische Fragestellungen beziehen lassen. Der heilige Augustinus beschreibt das so: Machen wir nicht immer wieder folgende Erfahrung: Da gingen wir wiederholt für uns allein an eindrücklichen und reizvollen Sehenswürdigkeiten in der Stadt oder auf dem Land vorbei, ohne dass sie uns auch nur in geringster Weise beeindruckten, weil wir sie schon zu oft gesehen hatten; nun aber, da wir sie anderen Leuten zeigen, die sie noch nie gesehen hatten, lebt unsere Begeisterung nicht neu auf durch die Begeisterung, die das erstmalige Sehen in ihnen weckt? Das erfahren wir umso stärker, je enger sie mit uns befreundet sind: Im gleichen Maß, wie wir mit ihnen durch das Band der Liebe eins sind, wird auch für uns neu, was uns sattsam bekannt war.

Liebe ist der Entschluss, wahr und gerecht zu sein und den anderen zum Mittelpunkt des eigenen Handelns zu machen.

Schön, wenn das so gelingt. Allerdings kommt es auch vor, dass man bei aller Liebe auf einen Widerstand stößt, der nicht zu überwinden ist. Hier führt Liebe zur Wahrheit, Liebe zu den Werten und Liebe zu einem Menschen, dem manches noch nicht aufgegangen ist, in dem Schmerz des Unverständnisses und eines bleibenden Getrenntseins in wichtigen Fragen.

Es gibt keine leidenschaftliche Liebe zu einem ethischen Leben ohne die Erfahrung des Leides. Christen haben sich in Erinnerung an das Schicksal Jesu das Kreuz als Hinweiszeichen auf die möglichen Folgen ethischen Handelns bewahrt. So viel wert muss man sich selbst und müssen einem die anderen schon sein, dass man um der Ethik willen dem Streit nicht aus dem Weg geht. Denn wenn die Werte das Menschsein wahren, lohnt es sich, um ihretwillen zu kämpfen. Aus Liebe.

Die Ethik der Zukunft

Die Menschheit rückt zusammen. Wir wissen, wie es den Mitmenschen auf der anderen Seite der Halbkugel geht. Wir bekommen vor Augen geführt, dass alles, was wir tun, Konsequenzen für die ganze Welt hat. Das führt unweigerlich zu einer Komplexität der Wahrnehmung und des Bedenkens der Folgen unseres Handelns, die uns ethisch überfordert. Wir werden damit konfrontiert, dass unser Handeln immer auch für wenigstens einen auf der Welt von Nachteil ist.

Die Ethik hat Zukunft, wenn wir mehr auf die Qualität als auf die Fülle der Möglichkeiten achten, die wir in unserer Freiheit haben.

Als wenn uns dies nicht schon genug überforderte, werden wir auch noch von einem kommunikativen Burnout bedroht. Auch die Fernsten können wir uns per Mausklick zu Nächsten machen, und das in beliebiger Zahl. Die Nächstenliebe erhält damit zwar eine globale Komponente, wird aber zusehends mit Blindheit geschlagen: Wir sehen vor lauter »Friends« den Kollegen von nebenan nicht mehr. Der unmittelbare Kontakt findet im Netz nur noch vermeintlich statt. Selten waren so viele Menschen so einsam wie heute. Um der Einsamkeit zu entfliehen, umgeben sie sich mit immer mehr Kommunikationstechnik, um sich am Ende entnervt ganz auszuloggen.

Es setzt sich virtuell fort, was die wachsende Mobilität real schon bewirkt hat. Was uns Auto und Zug an Zeit zu sparen versprachen, verkehrte sich ins Gegenteil: Subjektiv haben wir immer weniger Zeit. Im Kommunikationszeitalter wird dies auf den Raum ausgedehnt: Wir meinen, Zeit zu sparen und unseren Lebensraum zu erweitern, wenn wir uns virtuell vernetzen; stattdessen verbrauchen wir noch mehr Zeit, und es wird eng um uns, da uns Menschen und Ereignisse in größten Entfernungen virtuell auf den Leib rücken.

Hat die Ethik deswegen überhaupt noch eine Zukunft? Nur dann, wenn wir unser Augenmerk auf die Qualität der Möglichkeiten richten, die der Mensch in aller Freiheit hat. Dem Quantitätshype von Klicks und Reichweiten, Bilanzsummen und Verkaufsquoten folgt ja die ernüchternde Feststellung, dass kaum noch einer weiß, wofür. Eine Ethik der Zukunft muss die Menschen dazu bringen, die Vergötzung der Zahlen zu beenden und aus dem Menschheitswissen Tugenden wie Klugheit, Gerechtigkeit, Tapferkeit und Maß auf die Tagesordnung zu heben.

Wir müssen hinfinden zu der Faszination der Freiheit, uns zu beschränken. Die alten Kardinaltugenden Glaube, Hoffnung und Liebe wecken die Lust auf ein Leben, das weiß, wofür es gelebt wird. Wir Menschen können über die Grenzen aller Religionen und Weltanschauungen hin darüber ins Gespräch kommen, dass uns viel mehr bewegt, als die alles verkürzende Sicht auf das Ego.

Nicht der darf im Vorteil bleiben, der sein Leben ständig verengt durch ein Korsett von Anspruch und Leistung. Belohnt muss werden, wer nicht alles macht, was er machen könnte und sich eine Weite bewahrt für die überraschende Einsicht, für die unvorhergesehene Tat aus Liebe. Mit einem fröhlichen »Yes, we can't!« verwirklicht er seine Freiheit in der Entsagung und schafft durch sein bedächtiges Handeln nachhaltigen Mehrwert, für sich selbst und seinen Nächsten, in nah und fern.

Begegnung wagen

Zwei rechte Hände berühren sich sanft. Suchend. Tastend. Offen füreinander. Von unten nach oben aufsteigend. Dem Licht zugewandt. Der Bildhauer Auguste Rodin (1840-1917) nennt seine Komposition »Die Kathedrale«. Normalerweise denkt man da an den gewaltigen Raumeindruck eines Bauwerkes. Staunenswert. Rodin lenkt den Blick auf etwas, was vielleicht noch erstaunlicher ist.

Die Begegnung zwischen Menschen, eher still, verhalten, ganz zart, kaum spürbar. Das stellt der Künstler meisterhaft dar. Aber so zart die Berührung auch ist, sie erschließt einen ganzen Kosmos, eine neue Welt: das Du. Im Bild gesprochen: Seit die eine Hand von der anderen weiß, kann sie nicht mehr ohne sie sein, sie kommt nur mit ihr zusammen selbst zur Vollendung.

Ein Aussätziger kam zu Jesus und bat ihn um Hilfe; er fiel vor ihm auf die Knie und sagte: Wenn du willst, kannst du machen, dass ich rein werde. Jesus hatte Mitleid mit ihm; er streckte die Hand aus, berührte ihn und sagte: Ich will es – werde rein! Im gleichen Augenblick verschwand der Aussatz, und der Mann war rein. (Mk 1,40-42)

Ein römischer Soldat teilt mit einem Bettler den Mantel. Martin von Tours. Ein junger Kaufmannssohn aus Assisi, suchend nach dem Sinn seines Lebens, wird eines Tages zur Begegnung mit einem Aussätzigen vom Pferd gezogen. Franziskus wird einer der Heiligen sein, die bis auf den heutigen Tag nicht vergessen sind. Er hat nach einem langen Suchprozess vier Jahre lang vor den Toren der Stadt Assisi verbracht, bis ihm schlussendlich aufgeht, was er zu tun hat.

Es ist nur schwer zu erfassen, wie tief Menschen verwandelt werden, wenn sie sich nur einlassen auf die Begegnung. Nicht ein schnelles Wie geht's? Danke, gut! Nein, Begegnung meint, sich einlassen auf den anderen und ihm einen Raum eröffnen: Die Kathedrale der Begegnung, in der man alle Zahlen und alles Planen beiseitelässt und einfach von Herz zu Herz spricht.

In Auslandseinsätzen zum Beispiel gehen junge Menschen auf ihnen fremde Kulturen zu. Sie vertrauen auf die Kraft der Begegnung, die ihnen Horizonte aufschließt, die kein Lehrbuch weisen kann. Solche Begegnungen wirken nach. Durch sie werden lebenslang diese Menschen und Kulturen, obwohl von den jungen Leuten nur kurz erlebt, in deren Alltagsentscheidungen mit einbezogen. Sie kaufen bewusst überwiegend nur noch fair gehandelte Ware. Ihr Urlaubsverhalten hat die Bewohner der Urlaubsländer im Blick. Die Mühen der Ausbildung werden erträglicher durch das Bewusstsein, dadurch privilegiert zu sein, überhaupt ausgebildet zu werden.

Es ist schwer zu erfassen, wie tief Menschen verwandelt werden, wenn sie sich nur einlassen auf die Begegnung.

Ethik lädt ein, einen Lebensstil der Begegnung zu wählen. Sie fordert uns auf, uns mit Geist, Seele und Leib dem Mitmenschen, ja der ganzen Welt zu öffnen. Die Begegnung ist die Musik der Seele, die ihre Melodien auf dem Instrument des Leibes und seiner vielfältigen Gesten und Gebärden erklingen lässt, ganz im Sinne eines Wortes von Khalil Gibran: »Und euer Leib ist die Harfe eurer Seele, und es steht bei euch, daraus süße Laute zu locken, oder nur verworrenes Geräusch.«

Die poetische Seite des Lebens zu pflegen, Zuwendung als Lebensstil braucht ein Klima, in dem das Leise eine Chance hat. Die Begegnung hat das Talent zum Kleinen, zum Unscheinbaren, aber deshalb nicht weniger Wirkungsvollen und Wundersamen. Sie liebt nicht die Sensation; ihr Metier ist das Schlichte, das Stille. Großes Aufsehen erregen will sie nicht. Ihr genügt das Lob, das sie darin findet, Zeichen einer beseligenden Nähe unter den Menschen sein zu können.

Es gehört zu den Künsten, die der Ethik eine Zukunft geben, dem anderen in die Augen zu blicken, ihm die Hand zu reichen und sich einen Moment mit ihm niederzulassen. Wer die Begegnung sucht, vertraut darauf, dass sich der Horizont weitet, sobald zählt, was das Leben wertvoll macht. Wir müssen nicht zuerst kämpfen um richtig oder falsch, sondern um Zeit für Ich und Du.

Zeit für das Wir.
Leid einschließen

Rainer Maria Rilke bringt in wenigen Worten etwas zum Ausdruck, was zur Widersprüchlichkeit des Menschen gehört. Wir träumen vom Himmel, von den ungeahnten Möglichkeiten, die wir als Menschen haben. Wir träumen den Traum vom Paradies, davon, was man alles hätte, könnte, wollte, was alles möglich wäre. Gleichzeitig merken wir, wenn wir im Konjunktiv bleiben, leben wir am Leben vorbei. Irgendwann kommt das Leid. Und dann zählt, ob ich entschieden weiß, wo ich wurzele, was mir wichtig ist, was mich trägt:

Das ist mein Streit:
sehnsuchtsgeweiht
durch alle Lande schweifen
dann, stark und breit,
mit tausend Wurzelstreifen
tief in das Leben greifen,
und durch das Leid
weit aus dem Leben reifen,
weit aus der Zeit.
(Rainer Maria Rilke)

Die jüdisch-christliche Tradition legt dem Menschen nahe: Du Mensch wirst Mensch in der Wahl, die dir möglich ist, und diese Wahl wird dich immer beschränken, immer. Christlich gesprochen: Alle Sehnsucht nach dem Himmel muss durch das Kreuz. Was als frommer Spruch abgetan werden könnte, macht nur deutlich, was die menschliche Hoffnung ausmacht: Das Leben, das sich uns immer als ein Leben präsentiert, in dem unsere Sehnsucht durchkreuzt wird, soll nicht ein zu Kreuze kriechendes Leben werden.

Wenn man Zusammenbruch sieht, wenn man sieht, hier wird etwas kaputt gemacht von dem, was ich mir eigentlich vorgestellt habe, wenn ich eingeladen werde, meine Wahl zu treffen: Das alles ist dann eben nicht unmenschlich, sondern hier erfüllt sich die Berufung des Menschen.

Die größte Gefahr für die Ethik liegt darin, dass sie auf Kosten einer vermeintlich möglichen Leidfreiheit verwässert wird. Wie viele Prinzipien wurden schon über Bord geworfen, weil jemand etwas nicht mehr ausgehalten hat, ein leichterer Weg winkte oder ein größerer Gewinn lockte. Sein Kreuz zu tragen – um es christlich auszudrücken –, klingt da eher lebensfeindlich.

Wir werden Menschen in der Wahl. Sie schmerzt, weil sie beschränkt. Alle Sehnsucht, so heißt es, muss durch das Kreuz.

Wenn die Ethik eine Zukunft haben soll, müssen wir Menschen uns neu darauf verständigen, dass niemand von uns Gott ist und folglich jeder sein Päckchen zu tragen hat. Das meiste Leid wurde verursacht, wenn Menschen Leid verhindern wollten: Mit diesem Anspruch traten Revolutionäre auf und unterdrückten ganze Volksgruppen. Mit diesem Anspruch redet man der Tötung von menschlichem Leben das Wort, weil man Leid verhindern wolle.

Wir haben uns gegenseitig das Leid zu lindern. Dies wird umso leichter gelingen, wenn wir aus der Begegnung miteinander uns in den Vorhaben bekräftigen, in den Werten wurzeln und grundsätzlich einander nicht den Lebensraum und das Leben streitig machen wollen.

Entscheidungen treffen

Aus der Fülle der Möglichkeiten wählen zu müssen, ist vielen Zeitgenossen schier unmöglich geworden. Die Ethik der Zukunft muss einsichtig machen, dass ohne Entscheidung Kräfte und Mächte die Oberhand behalten oder bekommen, die am Ende keiner gewollt hat.

Jeder Einzelne und jede Gemeinschaft ist frei darin, was sie entscheidet – selbstverständlich in dem Rahmen der Freiheit, den die Ethik lehrt. Nicht frei sind wir darin, überhaupt zu entscheiden. Dazu sind wir verpflichtet. Niemand sonst außer dem Menschen kann und muss sich folglich ein Urteil bilden. Ethisch verwerflich ist es, das Urteil anderen zu überlassen, das man selbst fällen müsste. Weder Karten noch Sterne, aber auch nicht kirchliche oder weltliche Obrigkeiten entlassen den Menschen aus der Verantwortung für seine Lebensführung, für sein Handeln und sein Unterlassen. Man darf Hinweise aufnehmen und muss sich sogar darum kümmern, zu erfahren, wie andere denken und entscheiden würden. Die Pflicht, das eigene Gewissen zu bilden, gehört zu dem Recht auf eine Gewissensentscheidung.

Dort, im Gewissen, wird uns gewiss, was nun zu tun ist. Oder was wir lassen müssen. Eindeutig wird ein Gewissensspruch nur selten sein. Etwas leicht dahingesagt: Jede Entscheidung ist sowieso falsch. Damit ist gesagt, dass wir natürlich nie absehen können, was kommen wird. Auch ist es schwer, wirklich alles berücksichtigen zu können. Am Ende werden wir »nach bestem Wissen und Gewissen« den Weg wählen, den uns das Gewissen befiehlt, weil er das größtmögliche Maß an Wertschätzung und Sachgerechtigkeit verwirklicht.

Selten kommt der Mensch seiner eigenen Würde und Berufung so nah wie in der Situation, in der er ethisch entscheiden muss.

Wer entscheidet, schlüpft in die Rolle des Richters. Das Urteil ist bindend für einen selbst. Auch wenn man es erklären können muss: Auf Verständnis bei jedem darf man dabei nicht hoffen. Dafür sind wir Menschen zu verschieden, als dass wir alles nachvollziehen können, was ein anderer entscheidet. Deswegen garantieren ethische Entscheidungen, einmal getroffen, zwar ein gelingendes Leben, sie bedeuten aber auch Prüfungen und Anfechtungen. Christen sprechen im Blick auf Jesus von einem Weg, der im Zeichen des Kreuzes zu gehen ist und verweisen darauf, dass Ethik und Einsamkeit zusammengehören.

Wer als Geschäftsführer Mitarbeiter entlassen muss, kann nicht auf große Unterstützung zählen. Ein Politiker, der dem Volk größere Belastungen in Aussicht stellen muss, überlegt sich das oft, um dann der Wahrheit die größere Ehre zu geben als der Angst um Wählerstimmen. Wem sein Kind als behindert diagnostiziert wird und wer es wie selbstverständlich bejaht, muss damit rechnen, dass kaum einer dafür Verständnis äußert. Wer sein Haus umbaut, weil er Vater oder Mutter wegen ihres Alters aufnehmen will, muss sich dafür fast noch rechtfertigen. Von dem ersten Kriegsdienstverweigerer in der Schweiz, Max Daetwyler (1886 – 1976), wird das Wort überliefert: »Und ginge ich bis ans Ende der Welt, das Gewissen begleitet mich überallhin. Und ist die ganze Welt gegen mich, ich will sie besiegen, wenn mein Gewissen mir Recht gibt.« Entscheidungen können einsam machen.

Umgekehrt lässt die Einsamkeit auch zu reifen Entscheidungen gelangen. Wohl selten kommt der Mensch seiner eigenen Würde und Berufung so nah wie in der Situation, in der er ethisch entscheiden muss. Der ehemalige Generalsekretär der UN, Dag Hammarskjöld (1905 – 1961) schrieb in sein Tagebuch: »Bete, dass deine Einsamkeit der Stachel werde, etwas zu finden, wofür es sich lohnt zu leben, groß genug, um dafür auch zu sterben.« Er ruft dazu auf, auf die innere Stimme zu hören, die uns unaufhörlich suchen lässt nach dem Großen, an dem wir Maß nehmen und wachsen können. Der Politiker auf Weltebene umschreibt mit seinen Worten das Gewissen und sieht in ihm den vorzüglichen Erfahrungsort der Gegenwart Gottes, in dessen Hände der Gläubige das unvollkommene einer jeden Entscheidung zu legen vermag.

Verbindlich werden

Was geht mich mein Geschwätz von gestern an? Konrad Adenauers berühmte Replik auf die Frage des politischen Gegners, der ihm nachwies, er habe am Vortag anders geredet, lässt uns heute nicht mehr schmunzeln. Wir leiden darunter, dass ein Wort, gestern gegeben, heute offensichtlich nichts mehr taugt. Ein Versprechen? Viele sind der Ansicht, so etwas gehöre der Vergangenheit an. Man könne ja nie wissen, was alles kommen könnte. Der Ausspruch des Kleinen Prinzen in dem gleichnamigen Buch von Antoine de Saint-Exupéry »Du bist verantwortlich für das, was du dir vertraut gemacht hast« berührt noch bei den Anlässen, an denen er zitiert wird. Ob man sich daran erinnern will, wenn es im Augenblick einmal schwer wird mit dem Vertrauten?

Was zählt, ist das momentane Gefühl. Unverbindliche Terminzusagen, vage Planungen für das nächste Wochenende und die Tatsache, dass man kaum mehr Reisen mit Gruppen planen kann, sind die Folge. Die Vereine ringen um Mitglieder. Wer will sich schon festlegen? Und gleichzeitig haben wir das Gefühl, regelrecht ausgenutzt zu werden, wenn andere uns zum Spielball ihrer Gefühlslage machen und zum Beispiel Termine kurzfristig absagen oder Anmeldefristen verstreichen lassen.

Die Ethik der Zukunft muss zu einer neuen Verbindlichkeit finden. Nur so können wir zu einem Miteinander finden, das unsere Menschlichkeit trägt. Wir brauchen eine ethische Zeitgestaltung. Damit ist die Einteilung der Zeit um des anderen willen gemeint. Die Ethik lehrt uns, den anderen nicht als Dieb unserer Zeit zu sehen. Tun wir dies, vergessen wir, dass wir die Zeit ohnehin nicht festhalten können. Die Zeit, die wir einem anderen schenken, ist keine verlorene Zeit. Sie fehlt uns nicht, sondern erfüllt unser Dasein. Wenn wir uns miteinander verbinden, helfen wir uns gegenseitig, verbindlich zu leben. Das ist noch lange keine soziale Kontrolle. Aber ohne den anderen geraten wir leicht außer Kontrolle.

Verbindlichkeit entsteht, wo wir die Endlichkeit unseres Lebens bejahen, und dies im doppelten Sinn: Unser Leben wird enden. Und: Wir können bis dahin nicht mit allem und jedem in Kontakt gekommen sein. Die großen Lehrer und Prediger der Ethik haben jahrhundertelang Schrecken ausgelöst, wenn sie auf den Totenkopf verwiesen. Sie haben damit weniger in dem Moment die Leute erschrocken, sondern einfach auf das Erschrecken hingewiesen, das uns Menschen überkommt, wenn wir an den Tod denken.

Wer sich verbindlich seiner Lebensaufgabe widmet, erfährt, dass ihn die Hingabe daran nicht einengt, sondern weitet.

Die Folge des Memento mori – Gedenke, du wirst sterben – ist Carpe diem – Nutze den Tag. Allerdings nicht so, dass wir in den Tag hineinleben, sondern uns täglich mit den Menschen verbinden, mit denen wir leben. Sie brauchen uns. Wir brauchen sie. Wer sich aktiv einlässt auf sein Lebensumfeld und hellwach der Entwicklung seiner Mitmenschen gleichermaßen dienen will wie der eigenen, spürt, wie ihn seine verbindliche Fürsorge um die anderen nicht einengt, sondern öffnet.

Wer ethisch lebt, wird frei von der Sorge um sich selbst. Einsicht ist tatsächlich ein Weg zur Besserung. Doch auch umgekehrt gilt: Wer frei von der Sorge um sich selbst ist, lebt ethisch. Solche Sorgenfreiheit schenkt dem einen die Religion. Andere nehmen die Vernunft und sagen sich, dass alles seine Ordnung hat und jeder darin seinen Platz.

Über die Generationen hält sich unter allen Menschen die Erkenntnis, dass jene, die ihr falsches Leben um der Ethik willen verlieren, ihr richtiges Leben gewinnen. Sie sind willkommen als Anstifter zu einer verbindlichen Gemeinschaft, die zusammenhält, weil sich darin niemand zuerst um das eigene, sondern jeder sich zuerst um des anderen Glück und Wohlergehen sorgt.

Empfehlungen Internet

www.wertevolle-zukunft.de
Die Stiftung Wertevolle Zukunft möchte möglichst viele, vor allem auch jüngere Menschen, an den Diskussionsprozessen über ethische Fragen und Werturteile beteiligen.

www.wirtschaftundethik.de
Die Gesellschaft zur Förderung von Wirtschaftswissenschaften und Ethik e.V. ist ein Verein zur Förderung von Forschung und Lehre in den Wirtschaftswissenschaften auf der Grundlage einer Ethik, die auf dem biblischen Welt- und Menschenbild beruht.

www.iwkoeln.de
Das Institut der deutschen Wirtschaft Köln ist das einzige der großen deutschen Wirtschaftsinstitute, das sich in einem eigenen Arbeitsbereich mit dem Verhältnis von Kirche und Wirtschaft und Fragen der Wirtschaftsethik befasst.

www.ordosocialis.d
Diese Vereinigung hat sich die Aufgabe gestellt, Ideen, Grundsätze und Dokumente der Christlichen Gesellschaftslehre zusammenzustellen, weiterzuentwickeln und international zugängig zu machen.

www.treffpunkt-ethik.de
Alles rund um das Thema Ethik. Eine Portalseite der Katholischen Bundesarbeitsgemeinschaft für Erwachsenenbildung (KBE).

www.alexander-filipovic.de
Hier findet sich ein umfangreicher Blog zu Fragen der Alltagsethik, der Sozial- und der Medienethik. Für alle, die Kontakt mit einem Ethik-Fachmann suchen.

Weiterführende Literatur

Allgemein

Andreas Vieth, Einführung in die Angewandte Ethik, Darmstadt 2006
Die Angewandte Ethik bewegt sich im Übergangsbereich zwischen allgemeiner Ethik und spezifischen Problemlösungen. Es geht ihr nicht um ausformulierte Problemlösungen, sondern um den Prozess der Einbindung und Stärkung betroffener Personen.

Maximilian Forschner, Christoph Horn u. a., Lexikon der Ethik, München 2008
Das bewährte Lexikon repräsentiert den neuesten Forschungsstand zu ethischen Fragen in Philosophie, Gesellschaft, Wirtschaft, Politik, Medizin und Ökologie. Kompetente Autoren erläutern alle wichtigen Begriffe, Richtungen und Traditionen.

Christliche Grundlagen

Stephan Ernst / Ägidius Engel, Grundkurs christliche Ethik, Stuttgart 2007
Probleme der Gentechnologie und der pränatalen Medizin, der Sterbehilfe und der Organspende, Fragen der Sexualität oder des Umgangs mit Zeit und Geld, mit den Errungenschaften der Technik und den neuen Medien werden mit Impulstexten eingeführt und kontrovers diskutiert.

Josef Römelt, Christliche Ethik in moderner Gesellschaft, 2 Bände, Freiburg 2009
Fragen und Antworten aus theologischer Sicht. Der zweite Band widmet sich den ethischen Verantwortungsbereichen, vor allem Medizinethik, Sexual- bzw. Beziehungsethik, öko-

logische Ethik sowie Gesellschafts- und Kulturethik, Kirche und Ökumene.

Dietmar Mieth, Kleine Ethikschule, Freiburg 2004
Ethik und ein erfolgreiches Leben sind möglich. Es gibt Kriterien für Alltagsentscheidungen, die ein ethisches und damit sinnvolles Leben möglich machen.

Carlo M. Martini, Ohne Tugend geht es nicht, Was unsere Gesellschaft braucht, München 2008
Auf weniger als hundert Seiten skizziert der Jesuiten-Kardinal allgemeinverständlich die Grundlagen christlicher Ethik und erläutert zentrale Haltungen wie Transparenz und Aufrichtigkeit und die klassischen Tugendreihen.

Spezielle Fragen der Moral

Klaus Mertes, Widerspruch aus Loyalität gelesen, Würzburg 2009
Darf man Autoritäten – etwa den Papst – kritisieren? Und umgekehrt: Muss man nicht manchmal – gerade aus Loyalität – Widerspruch einlegen? Was ist die rechte Loyalität in einer Gemeinschaft, was ist gar Gehorsam? Wann muss man schweigen, wann reden? Wie kann ein Kritiker sich selbst prüfen, ob er im rechten Geist kritisiert?

Eberhard Schockenhoff/Christiane Florin, Gewissen, Eine Gebrauchsanweisung, Freiburg 2009
Eine funktional ausdifferenzierte Welt stellt recht moralfrei ihre jeweiligen Anforderungen. Das macht einen ethischen Kompass nur umso wichtiger. Der Steuerhinterzieher, der sich clever fühlt, der Womanizer, der keiner treu sein kann, der Wirtschaftsführer, der alles der Rendite unterordnet: Das eigene Gewissen ist der beste Ratgeber, der sicherste Katastrophenschutz.

Medien-Ethik

Philip Scherenberg, Kritische Medien-Wahrnehmung, Grundlegung einer praktischen Medien-Ethik, Münster 2006
Wesentliche Defizite der bisherigen Medienethik werden neuen Lösungsmöglichkeiten gegenübergestellt. Trotz hohen Anspruchs- und Abstraktionsniveaus in einem verständlichen Deutsch verfasst.

Lutz Erbring u.a. (Hrg.), Medien ohne Moral, Variationen über Journalismus und Ethik, Berlin 1988
Dieser Klassiker gibt eine eindrückliche Problemsicht auf das Spannungsfeld zwischen Individualmoral, journalistischen Handlungszwängen, dem Medienmarkt und den gesellschaftlichen Erwartungen an die Medien.

Persönliche Literaturtipps

Felix Heidenberger, Berenike und der Jüdische Krieg, Aachen 2009. Roman
Die Ethik der jüdischen Titelheldin wird der biblischen Judith gegenübergestellt. Statt ihrem Beispiel zu folgen und den Feind – in einer Liebesnacht – zu erschlagen, wählt sie die Liebe als Weg der Versöhnung.

Jodi Picould, Beim Leben meiner Schwester, München 2005. Roman
Anna Fitzgerald beschließt, ihr Schicksal selbst in die Hand zu nehmen – ein Anwalt soll dafür sorgen, dass sie ihren Körper nie mehr für die Gesundung ihrer leukämiekranken Schwester Kate zur Verfügung stellen muss.

Bibliografische Information der Deutschen Nationalbibliothek

Die Deutsche Nationalbibliothek verzeichnet diese Publikation in der Deutschen Nationalbibliografie; detaillierte bibliografische Daten sind im Internet über http://dnb.d-nb.de abrufbar.

Verlagsgruppe Random House FSC-DEU-0100
Das FSC-zertifizierte Papier *Munken Premium* für dieses Buch liefert Arctic Paper Munkedals AB, Schweden.

1. Auflage

Druck und Einband: Těšínská tiskárna, Český Těšín
Printed in Germany
ISBN 978-3-579-06498-7

www.gtvh.de